Les FRANÇAISES,

ou

XXXIV Exemples choisis

Dans les Mœurs actuelles,

Propres à diriger

| les FILLES, | les ÉPOUSES, |
| les FEMMES, | & les MÈRES. |

Ier Volume: Les Filles.

La Hija, y el Vidrio,
Sempre eftan in peligro.

A Neufchâtel,

Et fe trouve à Paris.

Chés Guillot, libraire de *Monfieur*, rue Saint-
Jacques, vis-à-vis celle des Mathurins.

1786.

Avis de l'Editeur.

Je donne pour titre à ces IV Volumes, *Les Françaises*, parceque les *Trente-quatre Exemples* qui les composent, offrent un tableau general de nos mœurs, où les Jeunespersonnes & les Femmes de tout âge, trouveront réünis & les devoirs de leur état, & les moyens d'être vertueuses, agreables à leurs Parens, à leurs Epoux, respectables à leurs Enfans, cheries de leurs Concitoyens. *I Volume: Les Filles* donnent . . . . huit *Exemples:* *II Volume*, les *Femmes*, neuf *Exemples:* *III Volume*, les *Epouses*, neuf *Exemples:* *IV Volume*, les *Mères*, huit *Exemples*.

On a parsemé dans les IV *Volumes* XIX *Lectures*, sur differens sujets, qui meritaient d'être approfondis.

Les Femmes les plûs-scrupuleuses, les Devotes même, n'apercevront rien, dans ces XXXIV *Exemples*, qui ne les édifie, & qui ne calme, dans les plûs Sevères, cette irritabilité, qui les porte à se scandaliser si facilement: Les Ames franches & bonnes y-verront des *Exemples* qui les affermiront dans le bien, d'autres qui les éloigneront du mal; tous leur indiqueront ainsi la route du bonheur.

Ce ne font pas des Bibliothèques, qu'il faut aux Filles. Une Fille favante eſt hors de la nature, & une forte de monſtre. Le Second-ſexe ne peut faire que des lectures de morale-pratique, qui lui montrent directement ſes devoirs, & l'avantage de les remplir. Dans ce Premier Volume, l'Editeur cite huit *Exemples de Filles* qui ſont à-peu-près les huit ſituations principales où peut ſe trouver une Jeune-perſonne: En-voici la liſte:

I *Volume :* Les Filles.

1. La Bonne Fille à la bonne Mère.
2. La Bonne-Fille à la mauvaiſe Mère. *La Fille dénaturement traitée.*
3. La Fille-naïve. *La Fille de Saxe. La Fille-peureuse. La chandelle d'Iroire. Le Mauvais riche. La Perruche.* 2
4. La Fille-d'eſprit. *Les Auteurs. Requête des Artisans. La Langue française.*
5. La Fille-recherchée par un Amant honnête.
6. La Fille recherchée par un Fat.
7. La Fille ſans Amant.
8. La Fille courue. *Les Billets-d'avis.* 2

Sujet de la Figure du *Premier Exemple.*

L'Amant d'Angelique, au deſeſpoir de l'avoir perdue (à ce qu'il croit), avait-pris la reſolution de renoncer au mariage: La Jeuneperſonne en-entrant auprès de lui, ſe jète dans les bras de la Mère de M. De-Reinette: Le Jeunehomme lui dit :

» Venez-vous augmenter mes regrets,
» Mademoiselle !

Aux

Aux Jeunes-gens des deux-sexes.

V ous, que l'erreur n'a point aveuglés, que le goût d'une criminelle indolence n'a pas corrompus, Jeunes-hommes, qui vous deftinez à remplir dans toute fon étendue le devoir facré de citoyens; Aimables Filles, que ceux de mère & d'épouse ne doivent point effrayer, daignez recevoir, comme une preuve de mon eftime & de mon refpect, l'hommage de ces *Exemples !*

Par un malheur attaché aux inftitutions humaines, à mesure que les États fe font policés, que les arts fe font perfection-nés, il femble que le vice ait fuivi les progrès des uns, & fe foit rafiné comme les autres. Le fiècle d'Augufte, le plus poli de la Republique-Romaine, était auffi le plus debordé : Cesar & l'heureux Octave furent obligés de faire des loix, pour obliger les Citoyens à contracter des mariages legitimes. Ce fiècle eft revenu ; & peut-être, de notre temps, l'oppofition qu'Augufte trouva dans tous les Ordres à la publication de fa loi, ne ferait ni moins vive, ni moins generale. Cependant il faut convenir que parmi nous, les lumières font plus grandes, & les abus moins énormes ; ce qui ne verifie pas, à-beaucoup près la celebre ftrophe d'Horace :

A

Ætas Parentûm pejor Avis tulit
Nos nequiores, mox daturos
Progeniem vitiosiorem (*).

Nous fommes redevables de ce double avantage à notre religion & aux fciences, fixées pour jamais en Europe, par l'invention d'un art qui les facilite, & qui les perpetue.

L'Imprimerie.

Jeunes-hommes, vous êtes l'efpoir de l'État, que bientôt vous alez composer, éclairer & defendre; n'oubliez jamais que votre bonheur depend de conferver la religion au fond de vos cœurs, & d'orner votre efprit, en vous appliquant aux fciences utiles.

Il faut un culte; tout le monde en convient: l'Homme ne f'étant pas fait lui-même; ce vafte Univers ayant un fouverain Moderateur, qui eft le Père commun de tout ce qui refpire, nous lui devons un tribut de reconnaiffance. Rendons-le lui dans le rit le plus raisonnable, pour ne pas dire le feul qui puiffe lui plaire: fans cela, l'Homme ferait & le plus favorisé, & le plus injufte de tous les Êtres. Laiffons les peines & les re-

____

(*) La voici dans le fens contraire:

Nos Ayeux ont été des monftres execrables;
Nos Pères ont été mechans:
On voit aujourd'hui leurs Enfans,
Etant plus éclairés, devenir plus traitables.

compenses d'une autre vie, que le Materialiste ne croit pas, & que le Déiste reduit à peu de chose : n'est ce donc rien que de vivre, que de goûter des plaisirs, que de jouir du spectacle de toute la nature, qui nous obéit ? Comment regardons-nous Ceux qui n'aiment pas leurs Parens ? sur-tout si c'est un Père, si c'est une Mère tendre, qui aient exposé pour eux leur repos, leur santé, leur vie même ? ils nous paraissent des monstres. Hé ! quel nom donnerons-nous à ces Ingrats, qui n'aiment pas l'Être souverainement aimable, dont chaqu'un de leurs mouvemens est un bienfait ? qui lui refusent l'hommage de leur existance !... Il est vrai, que cet hommage est inutile à l'Être-des-êtres ; mais l'est-il pour les Hommes, qu'un culte religieux unit & fraternise ? Le dernier des Sujets d'un grand Roi (faible & inexacte comparaison) ! n'augmente ni la felicité, ni la puissance de son Maître, par une scrupuleuse fidelité ; c'est son bonheur à lui-même qu'il opère, en demeurant dans l'ordre.

Ce qu'est la religion pour le cœur, la nourriture & l'habillement pour le corps, les sciences le font à l'esprit. Quoi de plus méprisable qu'une ignorance crasse ? Ayez l'air noble, une figure interessante, des qualités, & même des vertus ;

presentez-vous dans un Cerc'e éclairé, où la converſation ſera pour vous une énigme, dont vous n'avez pas le mot; où vous ne pourrez ni repondre, ni interroger à votre tour; on oubliera tout ce que vous pouvez avoir d'eſtimable; on ne verra qu'une âme engourdie, retenue dans l'abrutiſſement par une condamnable pareſſe. O! vous, precieuſe Eſperance de l'État, quel que ſoit le ridicule qu'on a voulu jeter ſur l'érudition, ne vous laiſſez pas ſeduire! Celui qui l'attaque avec une éloquence ſi vive, a pris _{J.-J. Rouſſeau.} chés elle des armes pour la combattre: Quoi qu'on en diſe, il eſt beau de lire Homère & Virgile dans leurs langues. Les Ecos d'un Genie celebre ne ceſſent de repeter: »Quoi! paſſer les plus belles années de ſa vie à apprendre des mots»! Pourquoi non? la ſcience des mots ne conduit-elle pas à celle des choſes? Que l'on corrige la manière d'enſeigner les langues ſavantes; qu'on la perfectionne; qu'on ôte à l'École ſes vaines ſubtilités; voila toute la reforme qui ſoit permiſe. Les connaiſſances abſtraites & profondes élèvent le genie, & le preſervent de la corruption; les belles-lettres & les arts qui poliſſent l'eſprit, adouciſſent les mœurs & le caractère.

Jeunes-citoyens, ne laiſſez pas échapper l'âge où vous pouvez acquerir les connaiſſances utiles : Un temps viendra, que n'étant plus ſous les aîles de vos Parens, il faudra vous gouverner vous-mêmes; une multitude de peines & de ſoins, les embarras & les affaires de la vie civile vous accâbleront: profitez du temps heureux où vous ne vivez que pour vous-mêmes ; où vous n'êtes rien dans le monde; où les paſſions ſont calmes encore: peut-être ſont-elles deja ſur le point d'exciter la tempéte: il ne ſera plus temps de vous inſtruire, lorſque toutes vos forces devront être employées à lutter contre l'orage. Vous êtes dans le port; vous alez commencer une navigation immenſe & perilleuſe; la vieilleſſe ſeule vous ramenera d'où vous partez: faut-il attendre à vous munir de tout ce qui vous eſt neceſſaire pour reſiſter aux flots irrités, que vous ſoyiez en pleine mèr, loin de tout ſecours ?

Ces conſeils generaux ne ſont pas les ſeuls que me ſuggère mon zèle pour votre bonheur: Lorſque vous ſerez hommes-faits, chaqu'un de vous abandonnant la route qui fut commune dans l'enfance, ſe choiſira un état. Ne ſuivez pas les impreſſions ſeduiſantes d'un goût momentané; ſurtout, ſ'il vous determine pour l'une de ces vocations qui ſ'écartent de la règle generale ; hesitez longtemps, ne vous engagez que tard, & prevenez le repentir !

Mais Vous, qu'une âme droite, un discernement juste conduisent à l'état où la nature nous fait tendre, ne craignez pas que les regrets vous y suivent, si la raison & l'amour, plutôt qu'une passion aveugle, president au choix de votre Compagne. Il est deux sortes d'abus qui suivent les mariages, & vous êtes presque toujours victimes de l'un ou de l'autre : le premier est une trop grande familiarité ; l'autre, que l'usage & vos Parens autorisent, que les Gens d'une vertu trop sevère accreditent, est d'épouser sans la connaître Celle qu'on vous a destinée. Un Jeunehomme prudent évitera l'un & l'autre : il n'exposera point Celle qui doit être sa compagne, à rougir un jour de l'être oubliée ; la Fille la plus sage, lorsque Personne ne veille sur elle, peut être la dupe des circonstances : quelle bassesse de la conduire par-degrés jusqu'au fond du precipice, pour la mepriser, lorsqu'elle y sera tombée ? Respectez-vous vous-mêmes dans Celle que vous aimerez ; qu'elle soit avec vous comme avec son frère, son protecteur, son ami ; suivez avec complaisance les progrès de son amour pour vous, mais n'en abusez pas ; soyez touchés de la gloire qui accompagne ce rôle honnête

que font les plaisirs trompeurs, procurés
par le crime, comparés à la fatiffaction que
donne une conduite genereuse ?

Les abus de la feconde efpèce ont des
fuites non moins funeftes.   On vous marie : ou, votre Épouse élevée dans un couvent ne vous a parlé qu'une ou deux fois au-
travers d'une grille : ou , des Parens fevè-
res ont empêché que vous ne vous foyiez
vus avec une honnête liberté ; fon caractère vous eft parfaitement inconnu ; le
choix vous a été interdit : aulieu d'af-
fortir vos humeurs, vos Parens fe font
occupés du rang & des richeffes ; ils n'ont
fait qu'une partie de ce qu'ils devaient, en
donnant toute leur attention aux accef-
foires. Des Pères & des Mères que toute efpèce de foin fatigue, ont bien plutôt fait de
fequeftrer leurs Filles dans un monaftère ,
ou d'interdire l'entrée de leur maison ,
que de veiller fur elles : cependant rien
ne ferait fi aifé pour une Mère fage, que
de prevenir les fuites d'un commerce
trop libre entre les Jeunes-gens ; qu'elle
foit toujours avec fes Filles , que jamais
elle ne fouffre qu'on les mette de parties dont elle n'eft pas ; mais, qu'elle ne
prenne aucun divertiffement que fes Filles
ne le partagent : les heureux effets de
cette conduite la dedommageront ample-
ment de fes peines.

A 4

Mais à quoi ferviront les entrevues, fi l'on vous dit : Voila Celle que vous devez aimer : & que de fon côté, la Jeune-perfonne elle même foit inftruite du fort qui l'attend (*)? Elle contiendra devant vous jufqu'à fes moindres mouvemens ; on la prendrait pour la douceur & l'in-genuité même.... Hâ! fi l'on vous eût laiffés libres tous-deux, & qu'ignorant l'interêt que vous deviez prendre l'un à l'autre, vous vous fuffiez connus tels que vous êtes, quels avantages n'en euffiez-vous pas tiré? Si vous vous fuffiez mutuellement infpiré l'amour & l'eftime, votre bonheur en ferait plus doux, lorfqu'on vous unirait : & fi l'éloignement, le degoût, ou la cruelle antipathie fuffent venus à fe manifefter, vous éviteriez une union mal-affortie.

Jeunes-hommes, dociles aux confeils de vos Parens, profitez de leurs lumières dans la recherche d'une Epouse ; mais choisiffez en-fecond! connaiffez parfaitement Celle qu'on vous propose, avant de vous engager : & dans le cas où quelqu'une des convenances que je vais mettre fous vos yeux viendrait à manquer, osez resifter, fans neanmoins fortir des bornes du refpect. » 1.ᵐᵉ N'épousez pas

____

(*) Voyez l'*Obfervation* au-bas de la *page* 20.

» une Fille, lorſqu'il ſ'en trouve Une-au-
» tre qui vous plaît davantage : il eſt ne-
» ceſſaire que votre Femme ſoit à vos yeux
» la plus belle de toutes.   2.nt Sa reputa-
» tion doit être ſans atteinte : il ne faut
» pas que jamais un Amant ſoit dans le cas
» de juſtifier Celle qu'il épouse, & c'eſt en
» cette occaſion ſeule, que l'innocence la
» plus pure ne ſuffit pas.   3.nt Étudiez ſon
» caractère : briſez, rompez genereuſement
» vos chaînes, ſi vous aimez Une de ces Fil-
» les acariâtres, auprès deſquelles on a tou-
» jours tort :   Dites-leur comme Ovide :
Nunc mentis vitio læsa figura tua eſt. *Amor. 1. l. x.*
  (*Votre beauté eſt-gâtée par vos vices.*)
» 4.nt Fuyez ces Filles exigeantes, qui ne
» ſavent que commander ; dont la mor-
» gue altière étend les priviléges de leur
» ſexe audelà des juſtes bornes, & charge
» le nôtre de tous les égards & de tou-
» tes les deferences : l'experience ap-
» prend que ces ſortes de Femmes ne ſont
» pas faites pour nous rendre heureux :
» nous devons ſans-doute des égards, des
» deferences & du reſpect à nos aimables
» Compagnes ; mais Celle qui les pretend
» n'en merite plus. 5.nt Defiez-vous
» d'une Fille qui ne penſe bien de per-
» ſonne : Celle qui ne croit pas à la vertu
» des Autres eſt bien près de n'en point
» avoir elle-même. 6.nt Je ne vous parle

» point des Filles en qui l'on trouve des
» defauts plus marqués ; elles ne font pas
» dignes que je vous en entretienne : mais
» tremblez qu'un exterieur règlé ne vous
» en impose ! la maxime eft triviale, mais
» elle eft auffi vraie qu'importante,

Il faut connaître, auparavant d'aimer.

» 7.nt Vous avez enfin rencontré les qua-
» lités & les vertus réunies dans le même
» Objet : ce n'eft pas encore affés pour
» être heureux : il eft un certain rapport
» d'humeurs, de goûts, une conformité
» de caractère, une heureuse fympathie,
» qui n'eft pas cette chimère des romans
» dont on fe fert pour excuser des travers :
» il ne faut pas negliger de vous inftruire
» fur ce point.

» Jeunes-hommes, fi vous voulez m'en
» croire, lorfque vous aurez penetré les
» difpofitions de votre Maîtreffe, vous
» ferez tous vos efforts, non pour plier
» fon caractère au vôtre, mais pour vous
» accomoder au fien. Je ne me contre-
» dis pas : vous concevez qu'il eft facile
» à Celui que la nature a fait le plus fort,
» de ceder à Celle qu'elle a rendue la plus
» aimable ; il y a dans ce procedé une
» forte de generosité, de grandeur, dignes
» du premier-fexe : mais, loin de vous
» faire un merite de votre complaisance,

» cachez-la foigneusement! Il eft d'au-
» tres moyens d'exciter la reconnaiffance
» dans le cœur de Celle que vous aimez,
» & je vous avertis qu'il ferait dangereux
» de vous fervir de celui-là : car les Fem-
» mes ne fondent pas leurs demandes fur
» ce que nous leur devons, mais fur ce
» qu'elles on deja obtenu ; notre faibleffe,
» voila ce qu'elles ont l'injuftice de fubf-
» tituer à des droits naturels. Je n'ai plus
» qu'une obfervation à vous faire ; elle
» regarde l'âge : Jeunes-gens, évitez les
» extrêmes ! gardez de vendre vos belles
» années à la Vieilleffe ! combien en voit-
» on, que l'intérêt guida, paffer leurs
» jours dans le degoût, & laiffer après eux
» la Femme ou le Mari dont ils attendaient
» l'heritage » ! Telles font les règles qui
doivent vous guider dans la recherche
d'une Compagne.

Jeunes-perfonnes, il vous eft plus difficile de choifir ; les ufages & les loix vous laiffent à-peine le droit de refufer : mais n'accufez pas nos mœurs ! elles vous font plus favorables que toutes celles qui ont precedé : beniffez votre Patrie, & fachez que ce coin du nord de l'Europe, eft le feul endroit du monde où vous foyiez traitées avec dignité. Cependant obfervez la conduite de Celui qu'on vous deftine ; tâchez de penetrer fon caractère : il n'eft

point de Parens aſſés deſpotes, aſſés barbares pour vous forcer à recevoir la main
d'un mechant Homme.   Ce motif d'exclusion doit être le ſeul; votre ſexe ſ'attache facilement; il paſſe ſur les petits defauts; à-moins que le cœur ne ſoit cor-
rompu, il ne regarde pas ſi l'Amant a les
avantages de la figure ou des talens agréables : l'Homme eſt votre bras; qu'il ſoit
laborieux, économe; qu'il vous traite di-
gnement, il eſt tout ce qu'il doit être.
Lorſque vous ſerez mariées, n'abandonnez
jamais la retenue d'une Fille-honnête : con-
tinuez de paraître aimable & par le caractère, & par le goût dans votre parure (*).
Ne conſervez des manières d'une Amante
que ce qui eſt une grâce provoquante dans
une Maîtreſſe; ce qui de ſa part eſt une
faveur précieuse, devient faſtidieux dans
l'Epouse.

Jeunes-hommes, je reviens à vous. Les
Femmes ſont tout pour l'Homme; n'eſ-
perons jamais d'être veritablement heureux autre part qu'avec elles, autrement
que par elles.   A la vue de la Fille aimable qui vous eſt deſtinée, vous devez être
penetrés d'un ſaint reſpect : ſon cœur, eſt

(*) L'Éditeur a pourtant ſous les yeux une
Femme aimable de cette Capitale, que ſon Mari
a-maltraitée, chaſſée, parcequ'elle avait du goût
dans ſa parure modeſte: Il a-voulu voir ce Mari : c'eſt une brute.

un tresor, où chaque jour vous puiserez le bonheur. Quelle âme serait assés insensible, pour resister à ses touchantes caresses ! C'est dans ses bras que reside la felicité suprême ; on voit autour d'elle les ris & les plaisirs ; son front ingenu annonce la candeur ; la serenité de son âme se peint dans ses yeux ; les Amours se jouent dans sa belle chevelure, & les Grâces accompagnent tous ses pas. Si vous étiez un-jour insensibles à tant d'attraits, pour vous-mêmes, pour votre propre bonheur, ne faites pas couler les larmes de ces yeux, dont le regard est si tendre : n ôtez jamais à cette bouche, qui vous fit le timide aveu d'une flâme pure, son agréable sourire !

Devenus époux, faites-vous une étude de la felicité de votre Compagne, afin qu'elle rejaillisse sur vous ; qu'elle soit reine dans votre maison, mais qu'elle vous ait pour maître ; ou plutôt qu'elle vous regarde comme son protecteur & son appui. Si vous n'êtes pas assés heureux pour éloigner d'elle les soucis, les chagrins, que jamais elle ne les éprouve seule : vous deviez l'en preserver ; c'est à cette condition qu'elle s'est donnée ; diminuez-en l'amertume, en les partageant : n'oubliez pas que chaque larme qu'ils lui feraient repandre est une honte pour vous ! Decens dans vos caresses, qu'une chaste retenue

en faſſe durer le charme : la jeuneſſe eſt
une fleur qui paſſe vite, lorſqu'elle n'eſt
pas menagée ; cette ingenuité touchante
qui brille dans ſes regards doux & timides,
cette pudeur aimable qui la fait rougir d'un
mot, tout cela va diſparaître, ſi vous faites prendre à votre jeune Compagne des
airs decidés, & ce maintien qu'on pourrait
nommer impudent, ſuites ordinaires des
libertés ſecrettes.

Une Femme peut faire votre bonheur,
ſans être belle : la jeuneſſe eſt toujours aimable : & lorſque les années auront effacé
ſes attraits, vous aurez mille autres raisons
de vous attacher à elle.   J'oſe dire plûs :
une Belle ſe contente ordinairement de
l'être ; elle ſe montre toute-entière dès le
premier jour : aulieu que ces Femmes à
quî la nature n'a departi les appas qu'avec
menagement, emploient d'autres moyens
pour y ſuppléer : c'eſt à ces Dernières que
nous devons les grâces, & ce que la deli-
cateſſe dans l'eſprit & dans les manières
ajoute de charmes au commerce du ſecond-
ſexe ; mais ſi tout cela lui manque, rap-
pelez-vous ce vers d'un ancien Poète :

Uxori ampla ſatìs forma pudicitia eſt. *Tibul.*
(*Une Épouse chaſte eſt toujours aſſés belle.*)
Oui, que ſa pudicité vous conſole de la
perte ou du manque de beauté ; les Fils &
les Filles qu'elle vous aura donnés, voila

quels feront, dans l'âge-mûr, fes veritables attraits.

O Jeunes-gens! vous ne devez afpirer qu'à cette glorieuse qualité de pères & de mères! c'eft en élevant des Enfans dans la vertu, que vous vous acquitterez de ce que vous devez à la Société dont vous êtes les membres; aux Loix qui vous defendent; au Prince qui vous protége; à vos Pères qui desirent de fe voir renaître dans votre pofterité; à Dieu même: la vie que vous tenez de lui eft un bienfait, dont vous ne pouvez marquer votre reconnaiffance qu'en la donnant. De quel droit vous approprieriez-vous les foins qu'on eut de votre enfance? Lorfqu'on vous prodigua tous les fecours, pendant ces années de faibleffe, où vous étiez incapables de vous les procurer vous-mêmes, on vous fesait contracter l'engagement de rendre le même fervice à d'Autres. C'eft l'ordre general de la nature : c'eft le vœu le plus faint & le plus indifpenfable : pour le remplir, l'Homme peut & doit violer ceux qui ne font que de l'inftitution des Humains. Ainfi vous devez avoir en horreur ce celibat criminel, qu'accreditent des Hommes lâches qui ne fe fentent pas la force de porter le fardeau imposé à tous les Citoyens; gardez-vous d'imiter ces vils Egoïftes! Fuyez les! ils doivent être pour vous ce que les

Proſtituées ſont pour les Femmes-honnêtes: ſongez que ſi ces Hommes pervers,
effrenés, penetrent chés vous, il n'eſt rien
de ſacré pour eux: ils corrompront vos
Filles, ſeduiront la Mère elle-même, &
vous reduiront un-jour à regarder vos
Enfans d'un œil incertain....

Jeunes Citoyens & Citoyennes, c'eſt
à vos Enfans qu'il faudra bientôt conſacrer
vos veilles: ils feront pour vous une terre
feconde, que vous devrez cultiver ſoigneu-
ſement, afin qu'elle vous rapporte au centuple. Ainſi vous trouverez le moyen
de parcourir une vaſte carrière, dans le
peu de jours que nous avons à paſſer ſur la
terre. Vous aurez vécu beaucoup, glo-
rieuſement, heureuſement vécu, ſi, rem-
pliſſant vos devoirs, vous avez utilement,
honnêtement vécu: l'Homme-de-bien
vit doublement; car ſeul il peut jouir des
jours préſens & des jours écoulés:

Ampliat ætatis partem ſibi Vir-bonus; hoc eſt
Vivere bis, vitâ poſſe priore frui. *Mart.*

Obſervation relative à la *page* 12.

---

§ Il eſt important de remplir le cœur des Jeunes-
gens par un amour honnête, qui preſerve leurs
mœurs: l'Ouvrage intitulé, *Le Nouvel-Abeillard*, indique une manière ſûre, autant qu'effi-
eace pour obtenir cet effet: Il ſe-trouve chés
la D. V, *Duchéne*, & chés le préſent Libraire.

I.

Les FRANÇAISES:

VIII Exemples choisis
Propres à diriger les FILLES.

I Exemple :

La Bonne-Fille à la Bonne-Mère.

L'avantage le plûs-grand pour une Fille eſt d'avoir une bonne Mère : L'avantage le plûs-flateur pour une Mère, c'eſt d'avoir une Fille douce, confiante, ſoumiſe, qui voie ſa première amie dans Celle qui lui donna le jour.

Angelique était l'aînée de ſix autres Enfans, deux Garſons & quatre Filles. A ſeize-ans, elle n'avait encore éprouvé que les douceurs d'une vie tranquile : ſa Mère, femme raiſonnable, & tendre ſans faibleſſe, lui montra toujours une encourageante ſenſibilité, en la reprenant de

I Vol.

certains defauts, ordinaires à l'enfance.
La Mère & la Fille avaient l'une dans
l'autre la confiance la plus entière : c'est-
à-dire qu'Angelique voyait dans madame
De-Beſſi une Mère éclairée, qui ne deſi-
rait que ſon bonheur ; & que la Maman
était perſuadée que ſa Fille n'avait rien
de plus à-cœur que de la ſatiſfaire.   Deux
Frères cheris n'excitaient auqu'un mouvement jaloux ; Angelique reſſentait comme marquées à elle-même les attentions
qu'on avait pour eux.   Ainſi toute la Famille était dans une harmonie parfaite :
car le digne Chef qui la gouvernait, était
le modèle des Pères, par ſa bonté, ſa prudence, & l'honneur qu'il ſe fesait dans le
monde.   Les moyens employés par l'excellente Mère d'Angelique, pour rendre
ſa Fille aimable & bonne, étaient ceux
que M. De-Beſſi detaillera bientôt lui-
me, dans une occaſion importante.

A dixſept-ans, la vie tranquile d'Angelique fut interrompue : Un Jeunehomme
devint amoureux d'elle.   Voici le por-
trait de cet Amant, & quelle était ſa poſition relativement à m.^{lle} De-Beſſi.

Theodore-De-Reinette était fils d'un
Homme fort-riche, & d'une Mère celèbre
par ſa beauté.   Il était lui-même d'une
charmante figure ; mais vif, bouillant,
inconſideré, bisarre : Sa première édu-

cation, confiée, comme il n'eſt que trop-ordinaire, à une ſorte de Gouverneur qui avait tous les vices, ne rectifia pas ſon naturel; aucontraire, elle le deteriora: Le Jeune De-Reinette prit en haîne & ſon Gouverneur, & tous Ceux dont il dependait; il ſe fit un plan de-vie degagé des devoirs ſacrés que la Société nous impoſe, & tâcha de mettre en execution ce plan mal-penſé, dès qu'il fut hors de ſous la ferule. Sa principale maxime fut de tout fronder, & comme il avait ſouvent raiſon, il ſe perſuada facilement, qu'une improbation generale était fondée. Il ſe voua au celibat, par cette miſanthropie mutine qui tient de l'Enfant; il n'avait pas encore ſenti ſon cœur, & ce petit Caton crut haïr les Femmes, parceque la nature ne l'avait pas encore achevé. En conſequence, il les denigrait, exagerait leurs defauts, diminuait leurs qualités, & debitait à leur égard une multitude de lieux-communs, qu'il croyait apercevoir le premier. Il vecut ainſi quelques-années, & loin que cette façon-de-penſer le preservât de certains écarts, elle le fit aucontraire donner dans un cyniſme dangereux. Son caractère, qui n'était pas adouci par la complaisance pour les Femmes-honnêtes, devint altier, dur, ridicule: une politeſſe extrême qu'il affecta, fut ironique envers les Femmes, qu'il était forcé de respecter exterieurement : Il ala plus loin; le mepris pour les Femmes mène à tous les vices ; il cessa d'honorer sa Mère...

Avec mille qualités brillantes, & beaucoup d'esprit, le Jeune De-Reinette était descendu à ce point de depravation, lorsque l'amour attaqua son cœur, & s'en rendit maître, par les charmes d'Angelique De-Belli. Cette Jeune-personne était cousine de m.r De-Reinette; mais elle était-moins riche, & ses Parens n'avaient pas dans le monde l'importance de Ceux de son Cousin. Aussi le Jeune-homme, au premier sentiment de son amour, éprouva-t-il de la joie : Il pensa, qu'on se trouverait très-honoré de sa recherche, & qu'il primerait à son aise.

Angelique n'était pas une beauté regulière. Mais c'était une de ces jolies Parisiennes, sueltes, mignones, ayant des yeux spirituels, une belle peau, un son-de-voix d'une penetrante douceur, des talens agréables, & cet esprit de la société, qui tient lieu de tout autre. Elle était charmante enfin, & ne pouvait inspirer qu'une violente passion.

Lorsque m. De-Reinette laissa voir qu'il la distinguait, elle en fut affligée; elle le connaissait, & le craignait : mais cette crainte n'était pas de la haîne; aucontraire, c'était cette efpèce de fentiment qui donne tant d'importance à Celui qui l'infpire, & qui fait qu'il eft de tous les Êtres Celui dont on redoute le plûs l'improbation. Comme elle fe crut l'objet d'un amusement paffager, elle fit ce qu'en pareille occafion doit faire toute Fille fenfée, qui ne veut pas être la victime d'un faux attachement; elle pria fon Père & fa Mère de la garantir des tête-à-tête avec fon Cousin. Son Père lui demanda, fi elle le haïffait ? —Je ne le craindrais pas (repondit-elle en-baiffant les yeux) fi je ne fentais que mon cœur parlera pour lui. —Ma Fille (reprit le Père), votre demande eft prudente, & marque votre raison; vous confirmez votre Père & votre Mère dans l'eftime qu'ils avaient pour vous : Nous vous feconderons ; votre Mère verra Celle de M. De-Reinette, & faura fur quoi nous pouvons compter : Moi, j'éprouverai le goût de ton Cousin, (ajouta-t-il, en-prenant le ton familier), & je faurai penetrer, fi c'eft une ardeur éphemère, ou un panchant folide. Sois tranquile, ma chère Enfant ; tes Parens rempliront leur devoir, qui eft d'empêcher que tu ne fois trompée par ton Amant, ou par ton cœur-. Angelique en-fille fenfée, autant que pieuse & fou-

mise, s'abandonna entièrement aux lumières des Auteurs-de-ses-jours.

Mad. De-Besſi ne tarda guère à ſe
rendre chés Mad. De-Reinette : Elle
n'employa aucun deguisement, & fit
un court recit de ce qui ſe paſſait.
—Monſieur votre Fils venait chés
nous d'habitude, mais rarement : depuis
un mois, ſes visites ſont journalières.
Nous-nous-ſommes-aperçus qu'Angelique, notre aînée, en-était l'objet : nous
l'avons-consultée : elle nous a priés de
la garantir des tête-à-tête avec ſon Cousin, parcequ'elle craint de ſ'attacher,
contre vos vues ſur un Fils unique : Voila
tout, Madame ; les choſes en-ſont-là, &
nous ſommes convenus, mon Mari &
moi, de vous avertir à-temps-. Mad. De-
Reinette remercia Mad. De-Besſi, &
lui fit entendre qu'elle avait en vue un
Parti relevé pour ſon Fils. Elle ſ'en-
tint-là, pour le moment, & ne ſ'expli-
qua-pas davantage.

A ſon retour, Mad. De-Besſi rendit-
compte de ſa demarche à ſon Epoux :
Il fut resolu, que M. De-Reinette ne
verrait plus Angelique. La Jeune-perſonne ſ'y prêta de tout ſon cœur : C'était
ſincèrement qu'elle redoutait un amour
malheureux & ſes ſuites. M. De-Reinette
parut après cet arrangement. Son Cou-

sin, qui ne voulait pas le faire languir, lui declara, que les Parens avaient des vues pour son établissement, qui ne câdraient pas avec celles qu'il avait-montrées. —Monsieur (repondit le Jeune-homme), je meprise toutes les Femmes, & parconsequent le Parti qu'on me destine, quoique je ne la connaisse-pas ; mais j'en-estime Une ; je n'estime que Celle-là, parceque je la connais, que j'ai vu toute sa conduite, & que je lis dans son cœur : Je n'épouserai jamais qu'elle, ou je resterai celibataire : Je maudis tout autre engagement, & sans elle, mon fort était decidé. Voila une verité certaine ; que mes Parens s'arrangent d'après cette resolution.- M. De-Belli ne fut pas content de cette reponse, où il vit de la dureté, un manque-de-respect & de-tendresse pour un Père & une Mère dignes de ces deux sentimens. Il ne repliqua pas. Mais, sur les instances du Jeune-homme, il lui declara enfin, qu'il ne reverrait Angelique, qu'après avoir obtenu l'aveu de mad. De-Reinette. L'Amant impetueux fit un mouvement de fureur : mais enfin songeant qu'il parlait au Père de sa Maîtresse, il se-retira d'un air affligé.

Sa conduite, les jours suivans, ne se-dementit-pas. Il parut accâblé, mais

il fut fe moderer.   Mad. De-Beffi ren-
dait-compte à mad. De-Reinette de ce qui
fe-paffait, & d'un commun accord, entre les quatre Parens, il fut resolu,
que mad. De-Reinette prendrait Angelique auprès d'elle.   On en avait une double raison : Depuis longtemps, le Jeune-
homme ne paraiffait plus à la table de
fes Parens ; il mangeait chés lui, ou en-
ville ; fa conduite était celle d'un Homme independant, locataire dans la maison-paternelle : mad. De-Reinette efpera
de le rappeler par la presence d'Angelique,
fans reprimandes, fans ordres abfolus :
Cette Mère prudente favait que fon
Fils était poli, d'un caractère plein d'a-
menité, malgré quelques travers ; que
fes manières étaient toujours règlées par
les convenances :   Elle imagina,   que
rentré dans l'ordre, il f'accoutumerait
par fes propres actions, à reprendre les
fentimens qu'elles indiquaient.

Tout-cela était très-bien vu ! mais,
par fon genre - de - vie, M. De-Reinette
ignora durant plus de trois femaines,
que fa Cousine fût à la maison-paternelle.
Il alait tous les jours chés M. De-Beffi :
aulieu d'Angelique, il ne trouvait plus
que Dorothée, la fœur-cadette.   Il demandait Angelique. —Elle n'eft plus
à la maison (repondaient ou le Père ou

la

la Mère): nous nous fommes privés de la vue de notre Aînée, qui nous était utile dans le gouvernement de notre domeſtique par ſes lumières & ſon intelligence, depeur de l'exposer à vous aimer: c'eſt à ſa prière que nous l'avons éloignée. —Je l'attendrai (repondait le Jeune De-Reinette); elle ne reſtera pas éternellement où elle eſt: Je l'aime; je n'aimerai jamais qu'elle; je n'aurai jamais d'autre Epouse. —Parlez donc à vos Parens! —Ils ne veulent pas; ils vous l'ont dit: C'eſt à moi de leur prouver, par ma conſtance, la verité de mon unique amour-. Il ſ'en retournait en achevant ces mots, & rentrait dans ſon appartement, où il menait-une vie fort-triſte, n'y voulant recevoir Perſonne. M. & Mad. De-Beſſi étaient dans le plus grand étonnement, qu'un Fils ne fût pas, aubout de trois femaines, qu'il y avait une Jeune-beauté dans la maison de ſon Père: mais auſſi la conduite de ce Fils était quelquefois ſi bisarre, qu'ils auraient été moins ſurpris, ſ'ils l'avaient parfaitement connu.

Il y avait un jardin élegant ſur le devant de la maison, à l'entrée d'une promenade publique: Un-ſoir que le Jeune-De-Reinette, ſeul & plongé dans ſes reflexions, errait ſous des arbres; touffus il apperçut dans le jardin, avec ſa Mère, une

       I Exemple :

Nymphe charmante, qu'il ne reconnut
pas ; mais elle le ravit. —Serait-ce-là
(pensa-t-il), le Parti que me destine ma
Mère ?... Elle paraît adorable... Mais ...
elle est venue trop tard : J'ai des principes, & jamais je ne changerai : Plus elle
est belle, & mieux je prouverai à ma Cousine la verité de mon attachement-. Mais
à-part, il ne pouvait s'empêcher de convenir, que s'il avait-vu cette Jeune-beauté, avant d'avoir parlé de sa Cousine, il
l'aurait-aimée, il aurait obéi : Puis aussitôt, s'indignant contre lui-même, il se
reprochait d'avoir le cœur fait comme les
autres Jeunesgens, & se-proposait d'être
malheureux par singularité. Ce parti pris
en lui - même, il rentra moins disposé
que jamais à paraître chés ses Parens.

» Ce fut le même soir, en le desha-
billant, que son Domestique lui dit :
—Mais, monsieur, vous n'êtes guères cu-
rieux ! Il y a chés mad. votre Mère une
Jeune-personne charmante, & vous ne
vous en êtes pas encore informé ! —Je
sais, je sais, (repondit m. De-Reinette) :
je ne veux pas la voir, & je ne paraîtrai
chés mes Parens, que lorsqu'elle n'y sera
plus-. Le Domestique surpris, & ne
se doutant pas de ce qui se passait dans la
tête de son Maître, ne sut que repondre : Il se tut. Mais, dès qu'il fut libre,
il ala rendre compte à mad. De-Reinette

de ce qu'il venait d'entendre. On ne comprit rien à cette fantaisie, & Mad. De-Reinette dit à M.lle De-Besli: —Ton Cousin est fou! voi si tu veux d'un fou pour mari? —Un mot a decidé de mon fort (repondit Angelique). —Et quel est ce mot, ma Fille? —Vous venez de le prononcer, en me nommant votre *fille*. Dès que je puis compter fur votre aveu, j'abandonne mon cœur à la douce efpe-rance de contribuer au bonheur de mon Cousin: Il m'est cher, plus cher que moi-même, comme votre fils, comme l'ami de mon Père, & comme mon amant. —Tu vas voir, que lorfqu'il faura que nous le voulons, il ne te voudra plus-!

Cependant le Jeune De-Reinette était dans la douleur: non-feulement il fouf-frait de celle qui était reelle, mais d'une imaginaire & paladine, qu'il fe forgeait, & dont il f'efforçait de fe penetrer. Le lendemain, à l'heure où il ala chés M. De-Befli, le Père d'Angelique était inftruit de ce qui f'était paffé la veille, & voulut pouffer l'épreuve auffi-loin qu'elle pouvait aler. —Mon Ami (dit-il au Jeune-hom-me), nous marions notre Fille-? L'A-mant d'Angelique, qui voyait Dorothée, penfa que c'était d'elle qu'on lui parlait. Il f'informa tranquilement du Parti. --Un Honnête-homme, jeune, aimable, en-

B 2

place, & mon confrère. —Je vous felicite! —Et moi, mon Ami, je vous felicite de votre raison. —De ma raison! Il ne faut pas un effort de raison, pour desirer le bonheur de l'aimable Dorothée, que je regarde comme ma Sœur, & qui le fera! —C'est Angelique, que je marie. —Angelique! (s'écria De-Reinette, avec une contraction de muscles effrayante). —Oui .... c'est .... elle-même. —Celui qui pretend l'épouser... me verra auparavant.... Ma rage... me tiendra lieu de science. —Comment! comment, que voulez-vous dire ! Mais vous avez oublié Angelique ; vous n'y songez-plus, vous avez refusé de la voir! —Moi! quel Monstre a pu me calomnier à ce point! —Votre conduite : Angelique mange tous les jours à la table de vos Parens : Vous le savez ; car vous l'avez dit hier à votre Domestique, & vous n'y paraissez pas! & vous avez declaré, que vous ne vouliez pas la voir! que vous ne paraîtriez chés vos Parens, que lorsqu'elle n'y serait plus ! —Elle était hier-soir avec ma Mère dans le jardin? —Oui : Sûrs que vous n'aviez eu pour elle qu'un attachement passager, un caprice, une humiliante fantaisie, nous l'avons promise, & elle va être mariée. —Mon cher Parent, ne me reduisez pas au desespoir ! Donnez Dorothée à cet excellent Parti : Laissez-moi mon Angelique, une Fille que j'adore, sans laquelle je ne puis vivre ! —Tu me touches, mon cher De-Reinette ! mais comment nous tirer de ce mauvais pas ? tes Parens veulent faire ce mariage ? —Je les flechirai. —Agis avec prudence. Commence par te rapprocher d'eux. -Prescrivez-moi ma conduite ; je vous obéirai comme à mon Père. —Au-fond, je desirais que tu fusses le mari de ma Fille : Il ne serait pas mal, pour te calmer, & t'apprendre à la connaître, que je te racontasse comment nous l'avons élevée : Nous avons toujours eu en vue, dans son éducation, l'Homme qu'elle devait épouser. As-tu le temps de m'entendre ? —Oui : on ne peut marier votre Fille sans vous. —C'est bien parler, & cela s'appelle être raisonnable. Te raconter l'histoire de son éducation, c'est faire l'éloge de la meilleure des Mères, de la plus accomplie des Épouses, & de la Fille la plus heureusement née, la plus tendre. Ainsi, je ne te ferai-grâce d'aucun detail, mon cher De-Reinette. --Vous me parlerez d'elle ; vous ne m'ennuierez pas. —Je commence donc :

Éducation de notre Fille Angelique.

» Vous savez, mon Ami, qu'Angelique n'est jamais sortie de la maison paternelle :

fa Mère l'a nourrie, & l'a élevée jusqu'à present. On n'ignorait pas, neanmoins, les inconveniens d'une éducation casanière, & que dans les Enfans ainsi conduits, les facultés se-developent rarement avec autant d'avantage, que dans Ceux qui passent en differentes mains: il semble même que le caractère en souffre; on remarque dans les Premiers une forte de cagnardise idiote, un panchant à flatter & à l'être; defauts dont ils se corrigent difficilement, quand une fois on les leur a laissé contracter. C'est la raison pour laquelle tant de Parens envoient leurs Fils au loin, & mettent leurs Filles dans des monastères, ou chés des Maîtresses, afin de leur faire perdre ces airs d'enfance, qui les rendraient ridicules dans la société. Mais c'est aux depens des mœurs, que le plus souvent on leur donne un air & des manières. Le meilleur est de prevenir le mal : C'est ce que ma Femme a tâché de faire à l'égard d'Angelique.

» L'éducation des Filles, parmi les Gens aisés, tend de nos jours, à ne leur faire prendre que des idées fausses sur les pretendues prerogatives de leur sexe: par-consequent à les égarer, en leur deguisant leurs veritables devoirs, & à les rendre malheureuses.

»Une des causes principales des vices
de l'éducation des Filles, resulte de l'é-
goïsme familiaire, dont les Parens les
plus sages ne savent pas toujours se defendre : ils rapportent tout à eux & aux
leurs : il semble qu'en vertu des gages
qu'ils donnent à leurs Gens, Ceux-ci ne
doivent respirer que pour eux, & n'être
mûs que par leur volonté. Cette façon de
voir, prise dès l'enfance par de Jeunes-
filles, est très dangereuse, & influe beaucoup sur leur conduite future ! Ce n'est
pas ainsi qu'on doit penser; il faut que
la subordination règne, en banissant la
servitude. Tous les Domestiques en âge
d'être mariés, doivent l'être, & ne voir
dans leurs Maîtres que des Patrons bien-
fesans, qui leur procurent une vie aisée, en
échange des plaisirs, ou si vous voulez des
services repetés qu'ils en recoivent. Angelique, ses Frères & sa Sœur les ont toujours
envisagés sous ce point-de-vue, & jamais
n'en ont rien obtenu à titre d'obéissance,
ni même de complaisance basse & servile.
Les Domestiques n'en ont donc pas été
considerés comme des Etres moins impor-
tans; Angelique n'a pas cru que ces Gens
étaient faits pour elle; ce qui l'a retenue
dans une juste idée d'elle-même.

»Les Enfans des Domestiques, élevés
dans la servitude, n'ont rien qui se res-

fente de la dignité de leur être : on dirait que ce font des machines, qui n'exif-
tent que de l'âme des Individus auxquels
on les tient affervis ; ce font de bas & lâches
complaisans, incapables de la vertu, dont
ils ne peuvent avoir de notion : Mais
f'ils rampent devant tout ce qui porte
le nom de Maître, ils font à leur tour
d'une arrogance brutale avec Ceux qui
n'ont pas droit de leur commander ; &
croyant fe dedomager ainfi de leur avi-
liffement, ils ne font que le meriter. Les
Enfans des Maîtres, élevés eux-mêmes
en defpotes, ne peuvent être que de mauvais citoyens, des égoïftes, des tyrans,
des hommes nuisibles à tous les autres :
fi quelques-uns échappent à ces vices,
il a falu qu'ils euffent reçu de la nature
les difpofitions les plus heureuses, ou
qu'une éducation excellente leur ait fait
éviter les inconveniens de leur condition. Mais le Citoyen mediocre, qui
ne fert, ni n'eft fervi, donnerait à l'É-
tat, f'il ne vivait qu'avec fes Pareils,
des Membres vraiment eftimables, qui
fauraient obliger, & non fervir ; montrer
de la dignité, de la nobleffe, & non commander ; des Hommes qui, fe fuffifant
prefque toujours à eux-mêmes, ne re-
duiraient pas leur Semblable à leur obéir,
& ne l'aviliraient pas jufqu'à l'empêcher

d'avoir une volonté, en le forçant à se régler sur la leur. Nous avons tâché de conserver nos Enfans dans ce juste milieu.

» Les Parens donnent presque toujours dans deux excès, l'aigreur ou la pusillanimité: la première produit des Esclaves hypocrites, tout-prêts à devenir tyrans à leur tour: la seconde fait ce qu'on nomme des *enfans-gâtés*; espèce d'êtres la plus maussade & la plus insuportable que je connaisse, quoiqu'il ait plu à nos Petitesmaîtresses d'en prendre les manières, le ton, & d'en faire une grâce. Nous avons encore évité ces deux écueils. Jamais d'aigreur dans nos reprimandes: jamais elles n'ont fait rougir nos Enfans de leurs fautes, même en particulier, parceque c'est un moyen indirect de reveiller la vanité; encore moins devant des Temoins, parceque c'est blesser les Enfans trop au vif: ce moyen, loin d'être propre à les rendre meilleurs, a deux inconveniens considerables: il aigrit immanquablement le caractère; l'Enfant humilié s'efforce de se dedommager, devant les Temoins de sa honte, par la fierté, le dedain; il tâche de s'elever bien-haut, depeur que leur mepris ne l'atteigne: le second inconvenient, c'est d'ouvrir son cœur à la haîne; il n'aimera jamais Ceux devant qui on l'a fait-rougir. Hé! que de maux, si ce sont precisement Ceux qu'il doit cherir !... Jamais nous n'avons flatté ou *flagorné* nos Enfans: nous leur avons montré de l'affection, de la tendresse, un attachement sans bornes ; mais nous les avons assujetis à des devoirs, dont jamais rien ne les pouvait dispenser. Car il ne s'agit pas d'élever aujourdhui des Filles dans la liberté de la nature; ce ne sont-pas des Hurones qu'on doit former, mais des Françaises; c'est-à-dire, des Êtres qui doivent réunir aux agremens de la figure, les talens qui ne s'acquièrent que par l'instruction. Or on ne peut commencer trop tôt à les exercer à ce qu'elles doivent pratiquer toute leur vie, afin qu'il leur devienne comme naturel, par-consequent agreable & facile. Tel était le principe de toutes les obligations d'Angelique; & voici la manière dont on les lui enseignait.

» Sa Mère executait devant elle, sans lui rien dire, tout ce qu'on voulait qu'elle apprît : Angelique avait envie de l'imiter; on en prenait occasion de lui imposer une manière de se conduire, dont le terme était l'acquit du talent, &c. L'Enfant acceptait, & rien ne pouvait plus la dispenser de remplir ses engagemens. On lui fesait dèslors sentir le poids de l'obligation; mais on l'adoucissait par des caresfes , des preuves d'amitié ; on tâchait de bien la perſuader , que rien ne peut faire negliger l'accompliſſement d'un devoir. Voila comme on alliait la douceur avec une inflexible regularité ; c'eſt ainſi qu'on l'accoutumait de loin à ſe ſoumettre aux loix ſociales.

» Il eſt un abus , auquel peu de Parens font attention : c'eſt celui qui ſe gliſſe dans la manière de procurer de la recreation aux Enfans , & ſurtout aux Filles. Sous pretexte de leur donner une image des ſoins du menage , on les occupe avec des poupées... Eſt-ce auſſi pour leur inſpirer de la religion , qu'on leur laiſſe faire des chapelles? Ces recreations ſont mal-entendues : elles aprennent aux Enfans à ſ'occuper de riens , les tiennent tranquiles , les empéchent de ſ'aſſouplir & de ſe fortifier. De la liberté, point d'amusement inutile ; c'eſt le moyen de former la raison avec le corps. Nous avons donné par jour trois heures de recreation à Angelique , ſans autre aſſaiſonnement que la liberté : nous avons fait enſorte qu'elle ne connût aucun des jeux qui cauſent un plaisir trop vif ; par ce moyen , elle voyait expirer l'heure de relâche ſans chagrin ; elle reprenait d'elle-même ſes exercices, que ſa Mère avait eu ſoin qui fuſſent proportionnés à ſon âge , & toujours auſſi

amusans qu'inftruĉtifs.   Son Inftitutrice
lui offrait l'exemple d'une vie toujours utilement occupée, & lui laiffait entrevoir
adroitement, que les recreations qu'on
lui donnait, étaient la livrée de l'Enfance.
Ainfi, Angelique était conduite par très-
peu de paroles, mais par une aĉtion
continuelle.

» La variété de fes occupations l'agitait
fuffisamment : elle fe levait toujours à fept
heures : elle dejeûnait enfuite : le travail à
l'aigüille commencait la journée, & durait
depuis huit jufqu'à dix : elle prenait alors
fa leçon de musique ; fa Mère ou fon
Ayéule ont été fes Maîtreffes.   La danfe
fuccedait: ce fut dabord mon emploi de
la lui montrer, outre qu'elle avait dans
fa Mère un parfait modèle.   Je ne meprise pas l'art de Terpficore ; c'eft prefque le feul qui puiffe tenir lieu de la gymnaftique, dans nos mœurs.   Lorfqu'Angelique eut atteint le terme audelà duquel je ne pouvais plus la guider, je fis
venir un Maître celèbre dans la danfe
favante, & je voulus qu'elle en cultivât
toutes les parties : mais fa Mère était
toujours presente aux leçons, qui du-
raient deux heures : je voulais que cette
occupation alât jufqu'à la fatigue ; parceque les Femmes n'ayant pas les mêmes
occafions que les Hommes de fe tremouf-

fer & de courir, ce qui même ferait me-
feant pour elles, on lui procurait par - là
fuffisamment d'exercice: les danfes les plus
vives & les plus agitantes étaient toujours celles que fa Mère preferait.

» Après le dîner, & l'heure de recreation qui le fuit, Angelique reprenait l'aigüille pour deux heures: le refte du jour,
jufqu'à huit heures était deftiné à la
lecture. Une heure avant le fouper, &
une heure après, elle était libre: elle
n'employait ordinairement cette liberté,
qu'à f'entretenir avec fa Mère ou fon
Ayeule, en fe promenant dans le jardin,
& jamais à faire des riens occupans. Cette
vie, où l'on ne rencontre pas le moindre vide, preferva notre Angelique de
bien des defauts! La feverité de la règle,
qui n'a jamais été tranfgreffée, l'a retenue dans cette activité, dans cet empire
fur elle-même, que les Enfans n'acquièrent
que fous des Maîtres étrangers, en même-
temps que fes mœurs & fon caractère
n'ont couru aucun rifque.

» Vous voyez que la manière efficace,
pour bien élever les Enfans, eft de les
inftruire d'exemple. Voila pourquoi fi
peu de Parens font en état de f'en ac-
quiter, & que la plupart font mieux de
les confier à des Feſeurs d'éducation.
Que ne peut-on leur perfuader, qu'ils

trouveraient à bien gouverner leur famille, des plaisirs plus piquans, que tous-ceux qu'ils ne veulent pas se refuser! J'ai connu dans la Capitale même une Femme, qui se penetra de cette verité. C'était une Bourgeoise opulente, très-jolie, qu'on avait mariée fort-jeune. Dans les premiers temps qui suivirent son mariage, elle ne songeait qu'à goûter les plaisirs que l'aisance procure. Ses deportemens firent même de l'éclat, & on la citait parmi les Femmes galantes. Elle avait eu, la première année de son union, une Fille, qu'on avait éloignée de sa Mère, suivant l'usage, aussitôt après sa naissance. A trois ans, on la ramena. La Mère la laissa entre les mains d'une vieille Gouvernante, jusqu'à six, qu'on la mit au couvent, dont elle ne sortit qu'à douze. Pendant tout ce temps, la Mère coquette suivait son même train de vie. Son Epoux, homme raisonnable & très-occupé, avait hazardé quelques remontrances; mais l'on offrit de lui prouver que toutes les demarches qu'on se permettait, étaient innocentes; il le voulut croire, & resolut d'attendre son repos de la maturité. Elle était encore éloignée! Cependant l'instant arriva, où l'on devait retirer du couvent la Jeune-personne: la Mère temoigna un-jour à son Mari, qu'elle desirait de la ravoir. Il y consentit avec une

repugnance qu'il se contenta de laisser entrevoir, sans en donner les motifs. La
Jeune - personne revint à la maison paternelle. Elle avait douze ans, & sa Mère
en alait compter vingtsix. L'on ne peut rendre ce qui se passa dans l'esprit d'une Mère
vive, étourdie, la première fois qu'elle vit
sa Fille à table à côté d'elle ! la Jeune-fille
était grande , jolie, & surtout decente &
posée : ses attraits naissans repandaient sur
toute sa personne cette nuance d'interêt, ce
precieux de la beauté, qui attache & sub-
jugue. —Quel rôle vais-je faire ? (dit la
Mère en elle-même)? serai-je plus jeune
& plus legère que ma Fille ? gâterai-je ce
naturel heureux ? aurai-je à rougir de la
voir plus sensée que moi ? ou bien, imite-
rai-je ces Mères barbares, qui regardent
leurs Filles comme leurs ennemies, & ne
cherchent qu'à ternir leurs charmes par
des chagrins redoublés ? Non : je veux
que la mienne soit mon amie. Pour cela,
chacune de nous doit être à sa place :
il faut que je sois son modèle & son guide,
& qu'elle puisse faire gloire de m'imiter.
C'en est fait; cet instant m'éclaire: je vois la
route que le devoir me trace, pour arriver
au bonheur, & je vais la suivre : c'est de
cet instant que tout va dependre : com-
mençons , & que ma Fille ne soupçonne
jamais que je fus autre chose que ce que je
vais paraître à ses yeux-, Dès ce moment

cette Femme prit l'air & le maintien convenables à une Mère - de - famille. Son
Epoux furpris, n'osa dabord fe rejouir :
il crut que c'était contrainte, morgue,
caprice, & que cela ne durerait pas. Plu-
fieurs jours fe paflèrent , fans que fon E-
pouſe fe dementît : il la voyait fedentaire,
laborieuse, cheriffant fa Fille ; ne lui com-
mandant rien, & lui donnant l'exemple
de toutes les vertus. —Eſt-ce un fonge
disait quelquefois en lui-même ce bon Mari? eſt-ce bien ma Femme? voyons ! Si
cela continue, je la regarderai comme une
divinité-.   Les mois, les années fe fuccè-
dèrent : tout alait de-mieux-en-mieux. La
Jeune-fille atteignit feize-ans, fortifiée par
le bon exemple: en fortant du Monaſtère,
elle n'avait que l'ombre des vertus ; depuis qu'elle eſt avec fa Mère, elle en a la realité. Cette Femme qui fe levait auparavant
à midi, qui paflait les nuits au jeu, ou en di-
vertiflemens plus dangereux, fe couche tous
les jours à dix heures, & fe lève à fept, pour
faire prendre & goûter ce train de vie à fa
Fille: cette Epouse auparavant aigre,
râilleuse, quelquefois impertinente avec
un pacifique Mari, eſt devenue compagne
foumise , tendre, empreflée , dabord
fans interêt, & feulement pour donner
l'exemple à fa Fille ; mais bientôt elle
eſt tout cela par goût, parcequ'elle trouve dans ces devoirs, trop longtemps de-

daignés, des charmes inconnus, des delices qu'elle ne foupçonnait feulement pas. Elle avait toujours cru qu'un Mari ferieux, occupé, ne faurait pas apprecier fes qualités ; elle avait dabord été perfuadée que le Petitmaître leger, papillonant, était l'être fait pour les Femmes : elle avait enfuite reconnu que l'Homme le plus reffemblant aux Belles, eft le moins leur affaire; elle fe convainquit depuis fa reforme, qu'il n'eft de bonheur, pour fon fexe, que dans les bras d'un Homme digne en toute manière de porter ce nom; que moins un Epoux eft dameret, plûs il connaît le prix du Sexe-aimable, & plûs il lui montre à quel point il eft fenfible au merite qui lui eft propre. Ces nouvelles idées rendirent ftable le changement de cette Femme, autrefois coquette. Son Mari, après l'être longtemps contenu, lui dit un-jour : —Je n'en faurais plus douter, mon Amie, vous êtes devenue la plus digne des Mères! permettez que je laiffe enfin éclater toute ma joie : quoi! c'eft vous! femme legère, étourdie, qui faites pour votre Fille, ce qu'avec toute ma bonne-volonté, & la fageffe que j'ai tâché d'acquerir, je n'euffe pas été capable d'executer pour mon Fils, fi nous en avions eu un? Non, ma furprife & mon admiration ne peuvent f'exprimer : ó ma charmante Compagne!

vous êtes trop audeſſus de moi : agreez
mes hommages, & les marques d'une re-
connaiſſance ſans bornes-! Sa Femme
lui raconta ce qui ſ'était paſſé dans ſon âme
la première-fois qu'elle avait vu leur Fille
chés eux ; comment elle avait formé le
deſſein de ſ'en faire une amie, & de la rendre heureuse par la vertu. -La liberté que
vous m'aviez toujours accordée, ajouta-t-
elle, ne me laiſſant envisager aucune honte à changer, je n'ai pas hesité à ſacrifier
à ma Fille de vains plaiſirs, que vous &
elle m'avez depuis rendus au centuple.
Mon Ami, recevez la promeſſe que je
vous fais, d'être toujours le modèle de
ma Fille : nous alons la marier : le Jeune-
homme que vous ſemblez lui deſtiner
nous convient à toutes-deux : je tâcherai,
ſi vous voulez me ſeconder, que notre
exemple leur apprenne, que les Epoux ne
trouvent que chés eux la vraie félicité-.
» Revenons à ma Fille.
» Angelique a donc été formée d'après
des Modèles toujours presens, plutôt que
par des diſcours : elle ne ſ'eſt point crue
plûſ-qu'une Petite-fille, ni maîtreſſe, ni
même deſtinée à-l'être : elle n'a jamais vu
commander chés nous ; la neceſſité ſemblait toujours faire mouvoir Tous-ceux
qui l'environnaient : les Domeſtiques
ſont dans la maison & au-dehors les ou-

vrages neceffaires, pour lefquels il faut bien qu'il fe trouve des bras & des mains; mais Angelique n'a jamais vu qu'il n'y eut que les leurs qui puffent les faire, parceque fouvent fon Père & fa Mère ont fait ces mêmes choses à fes yeux. Une autre attention que nous avons eue, c'eft que jamais chés nous l'on n'a degradé les Hommes, en leur donnant les fonctions des Femmes. J'ai entendu un Marechal-de-France dire à fon Fils : —Un Homme porter la robe!... Mon Ami, jamais la main d'un Homme, autre que la mienne, n'a touché la robe de ma Femme, tandis qu'elle était fur elle : cette chafte Epouse, fans pruderie, fans affectation de purifme, ne l'eût pas fouffert; la condition ne fait rien pour elle, & toujours elle eut de la pudeur devant fes Gens : elle honore les Hommes, comme les femblables de fon Chef; elle aime les Femmes comme fes Sœurs-!.. Voila de la vraie philosophie.

» Tant qu'Angelique fut trop jeune, ce furent des Femmes ou fa Mère, qui lui rendirent les foins neceffaires : à-present, elle fe fuffit à elle-même. On ne la voit jamais dans ces details, parceque les Hommes ne penetrent pas dans le gynécée : j'ai cru que dans une Famille, il falait qu'il y eut un fanctuaire pour l'Epouse, dans lequel elle fût inabordable : elle en eft plus refpectée. L'Homme ne jouit de sa raison, que pour obferver & tourner à son profit l'inf-tinct de tous les Animaux : or il en eft dans la nature, où la Femelle eft comme une divinité ; telle eft la Mère-abeille : une maison bien gouvernée doit reffembler à cette petite Republique ; & fi les Orien-taux s'en tenaient-là, il faudrait les admi-rer. A l'exception des ouvrages mal-propres, dont la condition d'Angelique la difpenfe, & que votre delicateffe ne lui permettrait jamais de faire, elle s'ac-quitte de tout : fon appartement, fon lit, ne font rangés que de fa main : fes habits font tenus en ordre par elle : fi elle ne blanchit pas fon linge, comme *Nausi-caé*, c'eft à cause de fon Mari futur; fa Mère a voulu que fes mains conservaffent pour lui toute leur beauté.

» Bien-loin de fuivre l'exemple de ces Romains, qui punirent un Père d'avoir osé donner un baiser à fon Epouse de-vant fa Fille, nous avons cherché à lui mettre fouvent fous les yeux l'image d'une union parfaite. Je fais que tous les Parens ne feraient pas une action prudente en fui-vant cette règle ; mais lorfque le cœur eft pur, les careffes le font auffi. Ange-lique fut temoin des nôtres, non-feule-ment fans danger pour fes mœurs, mais avec profit pour fon cœur. Elle apprit de bonne-heure qu'elle devait l'être à la bonne amitié que fa Mère & moi nous avions l'un pour l'autre; elle partageait fouvent notre tendreffe, & la rendait plus expanfive, plus delicieuse: elle fut que le fort dont nous jouiffions ferait un jour le fien avec un Homme aimable que nous lui choisirions. Que des Parens cruels & defpotes, qui veulent fe conferver la liberté de condanner leurs Filles au celibat, procurent l'inaction du cœur, & l'ignorance des plaisirs qu'il donne, peut-être le doivent-ils: mais notre Angelique, deftinée à aimer, à l'être, eft formée pour ces deux choses autant que pour la vertu. Il eft vrai, mon Ami, & il ne faut pas le diffimuler, qu'il fe trouve un petit inconvenient dans cette éducation, c'eft qu'Angelïque fe trouverait un-jour plus malheureuse qu'Une-autre, avec un Homme comme il en eft tant.

[—Monfieur (interrompit De-Reinette), les Femmes comme votre Epouse & comme Angelique, ne peuvent avoir des Maris ordinaires. En les approchant, en vivant avec elles, l'on devient comme il faut qu'on foit pour les meriter. C'eft une influence inevitable de leur vertu communicative, de leur infinuante douceur; de cette amabilité, dont elles favent embellir tout ce qu'elles disent, & tout ce qu'elles font: foyez tranquile; je ne puis être que ce qu'elles voudront : leur *enga-geance* (paſſez-moi le terme), eſt un ai-mant vainqueur, qui me dirigera toujours].

   » Je diſais (reprit M. De-Beſſi), que ma Fille eſpère tout de l'amour. C'eſt à nos ſoins , mon Ami , que vous devez des ſentimens qu'il ſemble que ſa jeuneſſe ne lui permettait pas d'éprouver encore. Mais pour que ſa tendreſſe ne vous ſoit jamais importune , nous l'avons convain-cuë, qu'elle était faite plus encore pour ai-mer que pour l'être : Nous lui avons fait regarder la beauté comme un moyen de plaire , mais fragile , & qui ne dependait pas d'elle : Nous l'avons encouragée à ſe donner tous les autres moyens qui peuvent ſ'acquerir, & qui doivent durer toute la vie : Le violent deſir d'être aimée que nous avions excité à deſſein, l'a rendue em-preſſée , ardente pour ſes exercices , & pardeſſus tout, pour la pratique des ver-tus propres aux Femmes, de cette *inſi-nuante douceur,* dont vous venez de parler, & de tout ce qui ſert de fondement à l'eſ-time dans une Ame-honnête.

   » Nous avons de-même cultivé ſon goût naturel pour les plaiſirs permis : car nous ne voulons pas ſeulement qu'elle ſoit ver-tueuſe & qu'elle faſſe votre felicité, mais qu'elle ſoit heureuſe, qu'elle jouiſſe, qu'elle ait des plaiſirs, qu'elle ſache en

faire un choix entendu , & les goûter, fans
que l'amertume les fuive jamais. Pour entretenir une Femme dans le goût de fes
devoirs, & dans cette gaîté qui la rend aimable , il faut qu'elle éprouve fouvent d'a-
greables fenfations; de ces plaisirs pour
lefquels il ne faut ni fracas , ni depenfe :
ceux que l'on goûte dans le monde, font
plus contraires que favorables à la gaîté.
Mais nous avons accoutumé notre Fille à
fuir la douleur, plutôt qu'à chercher le
plaisir : elle fe trouvera contente, lorfqu'elle fera fure d'être aimée.   Le repos
d'efprit resultant d'un train-de-vie règlé,
de l'accompliffement de fes devoirs & du
bon-ordre qui règnera dans fa maison,
fera le feul plaisir qu'elle desirera toujours.
Mon Ami, nous l'avons convaincue d'une
verité, dont il eft encore plus important
que les Femmes foient perfuadées que les
Hommes : c'eft que les plaisirs agitans,
vifs, usent le fentiment, fatiguent les organes, abregent la vie; precisement comme les mêts, preparés avec tout l'art empoisonneur des Cuisiniers , émouffent les
nerfs du palais, & blasent le goût.   Un
Voluptueux qui veut jouir veritablement,
laiffe toujours le plaisir en-deça de la
fatiété : auffi le fage Epicure fesait-il con-
fifter le bonheur des Dieux dans le repos;
c'eft-à-dire, dans la puiffance actuelle de

goûter le plaisir : un temperament debile
avait appris au Philosophe de la Nature,
que le plus à plaindre des Hommes, est Celui dans quî ce pouvoir cesse, & qui sent
éteindre jusqu'au chatouillement du desir;
charme qui n'abandonne pas le dernier des
Indigens. Il faut donc se faire un train-
de-vie paisible, où les plaisirs soient rares,
le travail continuel & moderé; avoir pour
maxime, que l'avantgoût vaut mieux que
la possession, & que l'instant qui precède la
jouissance, est plus doux que l'instant qui la
suit. La Mediocrité, pour être heureuse,
n'a pas d'autre recette : mais la Mediocrité a ses inconveniens : elle ressent quelquefois le besoin; elle éprouve l'impuissance.
Aulieu que le Riche moderé, n'a reellement que les maux physiques à craindre.
C'est aussi d'après des épreuves repetées,
que je me suis souvent abstenu : car je me
disais : :: D'où vient faire cesser un état où
je suis bien, pour un autre qui sera moins
doux? Differons : laissons meûrir le desir;
éloignons le plaisir qui en est le terme,
pour en faire croître le charme... Nous
avons dabord effectué ces petits raisonne-
mens avec notre Fille; tou les ressorts
physiques ont été mis en action : mais nous
n'avons pas negligé les moraux, & surtout
ceux qui sont appuyés sur la religion.

»C'est ici le point le plus important de
l'éducation

l'éducation des Femmes. Si je connaissais un Mari qui fût assés malheureux pour ne point avoir de religion, je lui dirais: Garde-toi bien d'être ennemi de toi même, au point de detruire cette digue salutaire que la crainte de Dieu met aux passions, dans le cœur de ta Femme! Ce Sexe, fait pour aimer immensement, ne peut être rempli par un simple Mortel: il faut quelque-chose de plus grand : & si ce n'est pas son Dieu, ce sera le vice.... Après avoir convaincu Angelique, par son experience, que les vertus reprimantes sont fondées sur la raison, qu'elles ont pour terme des jouis-sances pures & tranquiles, jamais amertu-mées par des suites desagreables, nous lui avons fait envisager des motifs & un ter-me plus dignes de l'Être intelligent, do-minateur de toutes les productions de la terre : nous avons élevé son âme jusqu'à la Divinité; & la première notion que nous lui en avons donnée, est la plus claire & la plus simple : —*Il est tout.*

» Pour qu'elle ne prît de l'*Etre* aucune fausse idée, nous éloignames de ses yeux toute figure materielle :/ les images peu-vent être de quelque secours aux Per-sonnes faites, pour reveiller leur piété ; mais elles font très-certainement toujours prendre le change aux Enfans. Angeli-que n'en vit aucune. Le nom de Dieu

frappait chaque jour ſon oreille ; mais rien
ne s'offrait à ſa vue, que l'immenſité du
ciel, lorſqu'on le prononçait.   Le ſens
de l'ouïe eſt celui qui parle plus directement à l'âme ; il eſt le moins-materiel
de tous les ſens, & le bras droit de l'intelligence.   C'eſt par lui ſeul qu'on doit
faire paſſer aux Enfans les premières idées
de la Divinité.   Notre Fille ſait qu'il y
a un Dieu, qui eſt *tout :* jamais on n'a
fait naître deux notions par ces deux mots,
Dieu & *tout.*   L'imperfection de notre
langue, qui ne nous donne que des idées
arbitraires des choses, eſt le premier obſ-
tacle à l'inſtruction : il faut une attention
extrême à definir les noms, à montrer
leurs rapports avec les verbes (quand il
y en a) : ces deux mots, par exemple,
Dieu, âme, ne presentent aucune idée
en français, que par la definition : mais
dans l'admirable langue des Grecs, *Theòs*
a ſon thême dans *Theó* (je fais) :   *Dieu*
ſignifie donc le *feseur :* ſi l'Enfant demande, *De quoi ?* vous repondrez, *De
l'Univers,* de tout.   *Ame,* du mot latin
anima, animus, ſignifie *principe de vie ;*
& presentait aux Latins une idée claire.
Mais chés nous, ce mot ne dit rien, qu'autant qu'on nous montre ſon rapport avec le
verbe *animer,* dont il eſt une contraction.   C'en eſt aſſés pour vous faire en-

tendre ma penſée, lorſque je dis que la definition grammaticale eſt indiſpenſable parmi nous. Angelique en eſt reſtée long-temps à cette notion, avant qu'on lui expliquât que le Tout viſible n'était pas Dieu.

» Vous le ſavez, mon Ami, nous rencontrons à-tout-moment des obſtacles inſurmontables, à nos deſſeins, dans les petites, comme dans les plus grandes choſes; & l'Enfant même a des desirs que tout le Pouvoir-humain ne pourrait ſatiſfaire. C'eſt de cette impuiſſance phyſique que nous avons tiré pour Angelique les premières notions des attributs de la Divinité.

» Elle va ſe promener dans l'avenue du château de Beſſi: des deux côtés, cette avenue eſt bordée de haies-vives: preciſement au milieu, l'on a laiſſé un char à quatre roues, qui ſert à charrier les bois; il remplit tout l'eſpace, & Angelique ne ſaurait paſſer. Elle me prie de le deranger un-peu; j'y fais mes efforts, & malgré l'aide d'Angelique, je ne puis en venir à bout. Le Cocher ſurvient, il nous ſeconde, & le char cède à nos efforts. Je dis à ma Fille : Si j'avais eu les forces d'Angelique & de Flamand, reünies à la mienne, j'aurais derangé le char tout ſeul. —Je le crois bien-! repond en souriant la Petite-. Plus loin ; on abatait un arbre : l'on avait coupé les principales racines, il s'agissait de l'ébranler : deux Hommes le secouent, mais en-vain : plusieurs Hommes arrivent jusqu'au nombre de douze, & l'arbre ne tombe pas. Enfin on passe une corde dans les branches, on y attache quatre Bœufs, tous les Hommes redoublent leurs efforts, & l'arbre est abatu. Je ne disais rien. Mais Angelique repetait toute-seule : —Si les deux Hommes avaient eu la force de Ceux qui sont venus les aider, & de ces Bœufs, ils auraient jeté l'arbre par terre-. Le lendemain, je la menai voir une aîle du château que l'on alait demolir ? —Angelique, lui dis-je, vous voyez cette masse de pierres : on va l'ôter de là. —Hô ! qu'il faudra d'Hommes & de Bœufs ! —Les Hommes & les Bœufs de toute la province & du monde entier n'en viendraient pas à bout, de la manière dont vous l'imaginez : parceque, quoiqu'ils eussent tous ensemble assés de forces, ils ne pourraient se placer commodement pour en faire usage. —Comment fera-t-on ? —Lorsque la force manque, on a recours à l'adresse ou au detail : un seul Homme peut detruire ce bâtiment ; & voici comme il s'y prendra ; il montera sur le toît, ôtera une

tuile, puis une autre, jufqu'à la dernière;
enfuite la charpente, puis les pierres des
murs, une-à-une jufqu'à la dernière : il
fera longtemps! Si nous mettons deux
Hommes, il ne leur faudra que la moitié
du temps : & fi nous en mettons trente?
—Ils auront trente fois plutôt fait : mais
combien faudrait-il donc de temps à
l'Homme feul? —Nous alons fupputer
cela enfemble : le maître Maffon que
vous voyez, qui donne là-haut fes ordres,
m'a promis que cette aîle ferait à-bas dans
un mois, afin qu'on puiffe profiter du
beau-temps pour la reconftruire : or il
met cinquante Ouvriers; donc un feul
eut été cinquante mois. —Il en faut douze
pour faire un an, dit la Petite; c'eft quatre
ans .... & deux mois. —Au-moins, re-
pris-je; car les cinquante Hommes f'entr'aideront, & feront en un moment, par
leur reünion, certaines choses, où l'Homme feul mettrait plusieurs jours. —Hô!
qu'il aurait été longtemps ! —Hé-bien,
Angelique, moi je pourrais fans peine detruire tout cela en moins d'un jour. —Hâ!
mon Papa, il faut donc le faire ! ces
Bonnes-gens f'occuperont à autre chose.
—Je ne le ferai pas; cette manière d'operer detruirait les materiaux qui composent
l'édifice, & deviendrait dangereuse pour
le refte du château : je veux feulement

vous apprendre par-là, qu'il est un pouvoir dans le monde, bien au-dessus de
celui de l'Homme, c'est celui du feu.
—Hô-oui, Maman m'a fait remarquer
comme il reduisait en cendres de grosses
buches.   —C'est ce pouvoir du feu qui fit
qu'autrefois certains Hommes crurent que
cet élement était la Divinité. —Ils étaient
bien simples ! Dieu est bon ; Maman me l'a
dit il y a longtemps ; il est meilleur que tout,
ce qu'il y a de bon, & le feu fait du mal.
—Vous avez raison, ma Fille : le feu
n'est pas Dieu ; il en est peut-être une
image imparfaite, —Bien imparfaite
donc. —Dieu est le createur du feu,
qui est un instrument dont il se sert pour
operer dans le monde d'admirables effets ;
je vous en entretiendrai quelque jour.
—Dieu aurait encore plutôt fait que le
feu de mettre tout cela par terre. —Comme il est tout puissant, un acte de sa volonté suffirait. —Qu'est-ce qu'un acte de
volonté ? –Voudriez-vous que ce bâtiment
fût renversé, pour éviter de la peine aux
Ouvriers? —Je le souhaite. —En le sou-
haitant, vous avez fait un acte de volonté,
mais inefficace : & si Dieu l'avait voulu
comme vous, l'effet aurait accompagné
l'acte : c'est une comparaison : car Dieu
est audessus de toutes nos pensées. J'en
restai-là.

»Quelques jours après, nous alames dans une vigne : la pente du côteau était extrêmement roide : les nuages, emportés par le vent, femblaient tous f'abattre fur le fommet. Angelique le remarque, & nous prie de l'y conduire bien vîte, depeur qu'il n'y en vienne plus, & fe promet bien que nous alons y toucher (*)! J'y vais avec elle; à-peine je puis la fuivre. Nous parvenons hors d'haleine fur un monceau de pierres plus élevé que tout ce qui nous environne : mais, ô chagrin ! les nuages font auffi loin de nous qu'auparavant : Angelique tend les bras, & fent fon impuiffance. —Nous fommes bornés, ma chère Fille, lui dis-je; Dieu feul peut tout ce qu'il veut, parcequ'il embraffe tout par fon immenfité-. Je lui fis enfuite remarquer, que dans l'éloignement, les nuages paraiffaient encore f'abaiffer, & je lui propofai d'y aler: elle me regarda en fouriant ; —Ce ferait la même chose qu'ici, dit-elle-. Mais un autre objet va f'emparer de fon attention. Nous apercevons dans les buiffons un Oiseau charmant (une *Hupe*) : à l'inftant, on ne fonge plus aux nuages ; cet Oiseau fait oublier le ciel : on le desire; on me le demande. Je repons, que je ne faurais le prendre; que ce petit Animal, inferieur à nous par

____

(*) On ne connaiffait pas encore les *airoftats.*

tout le reste, nous surpasse par la faculté de voler. —Hâ! pourquoi ne puis-je voler! s'écrie Angelique; je l'attrapperais, je le caresserais, & le laisserais aler, sûre de le ravoir quand je voudrais! --Rappelez-vous, lui repondis-je, que nous n'avons qu'un pouvoir très-limité; qu'il est un grand Être, celui que nous appelons notre Père, qui peut seul tout ce qu'il desire. —Qu'il est heureux! —Oui, ma Fille: parcequ'il est puissant & juste, il est heureux; mais nous sommes ses enfans; & la puissance que nous avons, nous la tenons de lui. —Nous n'en avons guères! si je pouvais seulement voler! —Écoutez, Angelique, l'Oiseau que vous avez vu, a-t-il des bras? —Non, mon Papa. —C'est aux depens de ses bras, qu'il a des aîles: Lequel prefereriez-vous d'avoir des aîles sans bras, ou des bras sans aîles? Ceci merite reflexion: songez bien au service que vous tirez de vos bras...... —J'aimerais bien voler, & pourtant avoir des bras. —Mon Enfant, les aîles font les bras des Oiseaux: les nerfs qui les font mouvoir, sont les mêmes qui servent à mettre nos bras en action: supposons que vous eussiez des aîles, essaiyez si vous pourriez les faire mouvoir, sans remuer les bras? —Mais non! —Vous ne pourriez donc faire usage de vos bras embaraffés par des plumes? Ce n'eft pas tout, il faudrait que votre corps fût conftruit tout differemment de ce qu'il eft; que vos bras fuffent au milieu de votre tâille; que votre cou fût alongé; que votre tête fût appetiffée, pour ne pas être d'un trop grand poids; qu'elle devînt pointue, pour fendre l'air; que votre cerveau fût confiderablement diminué, & parconfequent, il faudrait qu'il admît moins d'efprits, moins d'âme intellectuelle, & que vous fuffiez privée de la raison humaine, pour être reduite à l'inftinct d'une Volatile: car fans tout ce changement dans votre conformation intérieure & extérieure, vous ne pourriez voler. —Je ne veux plus voler, mon Papa: j'aime mieux avoir de la raison, être votre Fille. Mais Dieu qui peut tout, vole fans doute. —Non, ma Fille. Écoutez-bien ceci: lorfque vous avez eu envie de voler, ou de monter ici, pour toucher les nuages, vous desiriez d'être où vous n'étiez pas? —Oui, mon Papa: —Mais Dieu étant partout, ne va nulle-part. —Hô! que je voudrais bien auffi être partout! je n'aurais plus befoin de voler, ni que ma tête devînt petite ou pointue. —Ce ferait bien pis! fi vous étiez partout, vous rempliriez tout; il n'y aurait que vous dans le monde, & vous feriez reduite, comme creature unique, à mourir de faim le premier jour de votre grandeur. —Mon Papa, & Dieu ? —Dieu, ma Fille, n'eſt pas creé; il eſt createur; il a tout fait ce que vous voyez : il n'eſt pas dans ſes productions, & ſes productions ſont en lui ; il n'en eſt pas nourri ; au-contraire, il les abreuve continuellement de ſon eſſence : ainſi lorſque j'ai dit que vous peririez de faim, ſi vous étiez l'unique creature, j'ai voulu dire, que tout ce qui eſt creé, changeant continuellement de forme, ayant besoin d'être continuellement nourri par d'autres choses creées, qui les preservent du besoin (c'eſt une verité dont la faim que vous éprouvez chaque jour vous a convaincue), vous n'auriez, étant seule, qu'une prompte diſſolution à attendre : vous n'exiſteriez quelques jours, que pour languir & ſouffrir : mais Dieu eſt par lui-même ; il eſt la vie même, le mouvement même, il n'a besoin que de ſa propre force pour être : or la vie ne peut mourir ; car elle eſt la vie ou l'être, & la mort eſt le neant, ou le rien. Nous alons juſque-là, ma Fille, & l'intelligence de tous les Hommes ſ'arrête ici : vous en ſavez autant que les plûs grands Docteurs, qui ne peuvent pas plûs que vous comprendre Dieu. —Pourquoi ne le comprenons-nous pas ? — Parceque nous ſommes plus petits que lui : Voyez-vous cette

Terre fur laquelle vous marchez? elle eft bien grande, mais elle a des bornes. -Comment peut-on favoir qu'elles a des bornes ? —C'eft qu'elle eft fous mes pieds, & qu'elle n'eft pas fur ma tête : dès que je puis dire, Telle chose eft ici, & n'eft pas là, n'a-t-elle pas des bornes ? —Oui, mon Papa. —De plûs : voila le Ciel, qui forme comme une voute; il n'eft pas la Terre, il l'entoure, comme vous voyez? —Oui, mon Papa. —Mais cette Terre fi bornée, tâchez, ma Fille, avec ces deux petits bras, de la contenir toute entière? —Je ne puis. —Et comment votre petit cerveau concevra-t-il, comprendra-t-il, contiendra-t-il l'idée complete de Celui dans quî font, & cette Terre dont vous n'occupez qu'un point, & ce Ciel, qui envelope toute la Terre? Mais defcendons à des choses plus faciles : tenez, Angelique, des deux mains, j'enferre toute votre tâille; je vous enleve auffi haut que mes bras peuvent atteindre: faites-en autant à votre Mère ou à moi. —Je ne faurais. —D'où vient? —Parceque vous pesez plus que je ne puis porter-&c.

» C'eft ainfi que nous commençames à lui donner de l'Être-par-excellence une idée hors de toutes les formes connues: ce qu'il eft très-important de faire, pour deux raisons : la première, afin que l'Enfant

ne foit jamais tenté d'attribuer à Dieu nos
paffions, & de le craindre de la même
manière qu'il craindrait un Homme fevère
& puiffant: la feconde , de l'empêcher
d'efperer de la Divinité l'accompliffement
de vœux particuliers & hors des loix de
l'économie generale. Angelique prie Dieu
depuis qu'elle fait articuler quelques mots :
elle l'a fait dabord machinalement,   &
fans attacher de fens à ce qu'elle difait;
afin même qu'elle ne pût y en attacher aucun, avant le plein ufage de fa raison,
elle ne chantait fon hymne à la Divinité,
qu'en latin.   Nous voulions qu'elle ne
louât Dieu, que comme les Oiseaux & les
Creatures non-intelligentes.   La prière
du grand Legiflateur était la première
chose qu'elle difait en f'éveillant: dès
qu'elle était habillée, elle chantait, en
f'accompagnant du claveffin, le Pfeau-
me 8 *Domine Deus nofter*, que j'avais
mis en musique exprès pour cela : elle
repetait deux fois le verfet, *Ex ore In-
fantium & Laɛentium* &c.   A-mesure
qu'elle eft avancée en âge, nous avons fait
marcher les notions de la Divinité fur la
même ligne que les autres inftruɛions :
deforte que, lorfqu'elle a eu les connaiffances qui lui font propres; qu'elle a entendu fa prière & fon hymne, elle avait de
Dieu les grandes idées qui conviennent à
fon effence.   Ce n'eft pas qu'elle comprît

parfaitement tout ce que nous lui disions : par exemple, dans une converfation que nous eumes avec elle, après celle que je viens de rapporter, je lui donnai des notions de la bonté de Dieu, qu'elle n'a comprises que ces dernières années: & cette comprehenfion eft venue toure feule, fans que je l'aie remife depuis fur cette matière. Voici comme je m'aperçus de fes progrès dans le raisonnement.

»Nous paffions un-jour par un Village, pour aler de Beffi, à Av** ; c'était un jour de fête: tandis que nos Chevaux fe reposaient, nous vifitames cette Paroiffe: ma Mère & mon Epouse, fuivant leur usage, entrèrent chés Ceux que le Curé leur designa comme les plus-pauvres, pour leur donner quelque foulagement. En paffant devant le cabaret, nous vimes deux Hommes en fortir fe querellant, & fur-le-champ commencer un combat auffi rude qu'opiniâtre. Tandis que j'invitais leurs Compatriotes à les feparer, l'Un d'eux, beaucoup plus faible que l'autre, fut terraffé par fon Adverfaire : alors la rage du Premier, f'accroiffant par fon im-puiffance, il faisit avec les dents le néz du Plus-fort, & d'une main le prit à la gorge, qu'il preffait avec tant d'acharne-ment, que peutétre il eût fait perir fon Antagonifte, fi nos Gens & moi, ne nous fuffions jetés entre eux, pour les feparer.

Angelique ne put s'empêcher de se recrier
sur la mechanceté de l'Un de ces deux
Hommes :   cependant lorsque tous-deux
furent remis, je lui fis remarquer qu'ils
n'étaient pas plus mauvais l'un que l'autre.
Ceci me conduisit à lui donner les raisons
des excès où le Plus-faible, terrassé par
l'Autre, venait de se porter; je les lui
fis envisager dans son impuissance même.
Tout Etre faible est naturellement mechant; c'est comme un contrepoids à sa
faiblesse que la nature lui a donné.   Parmi les Êtres sensibles, le Cheval, le Bœuf,
le Chameau, l'Eléphant même ne font
rien moins que portés à faire du mal aux
autres Animaux, dont il n'ont rien à craindre : mais le Renard, le Chat, le Ser-
pent, &c, qui font d'une constitution
faible, cherchent à faire des blessures
dangereuses : je ne dis rien du Lion, &
des autres Animaux carnassiers, parceque
ce n'est pas pour mal - faire, qu'ils atta-
quent, mais pour se nourrir; & si quelquefois ils semblent dechirer, sans avoir
ce but, c'est une suite de l'habitude.
Ainsi, jamais le Puissant ne fera de mal
sans necessité.   Le Faible aucontraire,
toujours sur le qui-vive, cherche continuellement à surprendre le Fort, & dès
qu'il trouve l'occasion de le detruire, il
s'en defait sans pitié. C'est la raison pour
laquelle nous ne voyons plus aujourdhui

de ces Geans fameux, que les Auteurs sa-
crés & profanes nous assurent avoir existé.
Leur force même doit naturellement
avoir été la cause de leur ruine. Quoi
qu'en disent Homère & Virgile, ces
Hommes devaient être meilleurs que les
Autres, à raison de leur force; & si l'âge-
d'or a existé, ce ne peut être que lorsqu'ils regnaient. Mais comme, lorsqu'ils le voulaient, ils pouvaient aneantir
un grand nombre de petits Hommes, ces
Derniers les ont haïs à raison de ce pouvoir, & ont profité de toutes les occasions d'aneantir un Etre semblable à eux,
mais dont la *surexcellence* les humiliait.
Ensuite pour justifier leur extermination,
on leur a prêté des cruautés inouïes, &
tout ce que leurs jaloux Ennemis s'imagi-
naient qu'ils eussent pu leur faire de mal.
De même, Angelique, n'avez-vous pas
remarqué que les Enfans ont plus de petites malices que les Grandes-personnes ?
--Oui, mon Papa. -Et que les Plus-faibles
étaient toujours les plus mechans ? --Mais
oui ! —Que les Hommes qui sont debiles
ou incommodés, sont aussi moins bons que
les autres? --Hô oui: car le Boslu de Bessi
est bien mechant, & l'on dit que le Borgne
est traître. —Ma Fille, c'est moins un vice
de l'âme qu'un effet de leur impuissance,
comparée à ce que peuvent les autres Hommes. Le Borgne deviendrait meilleur,

si tous les Hommes avaient la complaisance de se faire borgnes comme lui ; &
le Bossu ne serait pas de si mauvaise humeur, si Personne n'était plus fort, &
mieux conformé que lui. Ainsi, plûs un
Etre est parfait, naturellement aussi meilleur il doit être.   Dieu n'est-il pas tout-
puissant & sans égal, puisqu'il est tout?
—Oui, mon Papa. —Comment doit-
il être bon?   —Autant qu'il est puissant.
—Il est tout-puissant? —Il doit être tout
bon, infiniment bon. —C'est bien repondu.   Un Être infiniment bon, doit
être bien digne d'être aimé, Angelique?
—Oui, mon Papa; si nous pouvions aimer
infiniment, il faudrait infiniment l'aimer.
--Pouvons-nous infiniment aimer? --Non;
car vous m'avez dit, il y a longtemps, que
nous étions bornés. —Pouvons-nous être
infiniment bons? —Nous ne le pouvons
pas. —Et pouvons-nous être infiniment
mechans? —Pas davantage. —Pouvons-
nous être infiniment punis? --Mais, mon
Papa, vous me faites, ce me semble, toujours la même question, en d'autres termes:
je vous ferai toujours la même reponse :
un Être fini, ne peut être infiniment puni.
Il me semble aussi qu'un Etre infiniment
bon, ne peut infiniment punir ; car quand
exercerait-il sa bonté- ?

»Je n'entrai point, pour le moment,
dans une discussion épineuse de la manière

dont Dieu eſt bon, & de celle dont le font les Hommes : comme ſon opinion n'était pas dangereuſe, je la lui laiſſai ; me reſervant de l'inſtruire là-deſſus, lorſqu'elle ſerait plus avancée en âge. C'eſt ce que nous avons-fait il y a quelque temps ſa Mère & moi. La bonté de l'Homme eſt une idée de bien-être, relative à ſon goût, qu'il deſire aux Autres, & qu'il leur procure autant qu'il le peut : la bonté de Dieu n'eſt pas cela ; ce doit être, ce me ſemble, l'amour eſſenciel de l'ordre ; tout ce qui eſt dans l'ordre, eſt le bien : tout ce qui en eſt hors, eſt le mal. L'Homme qui fait mal, ſe met hors de l'ordre : ſi ſon âme intellectuelle ſe ſepare de la matière, tandis qu'il eſt dans cet état, cette âme n'ayant plus d'organes pour changer ſes determinations, demeure éternellement hors de l'ordre : & comme elle aime l'ordre, à cauſe de ſon origine, qui eſt Dieu, elle ſe trouve continûment dans un état qui lui deplaît. Aucontraire, Celle qui ſe ſepare de la matière avec l'amour actuel de l'ordre, reſte éternellement dans l'état analogue à ſa nature, & par conſequent elle eſt contente, ſatiſfaite, heureuſe : Revenons à Angelique.

»Nous nous ſervimes de ſon idée peu exacte de bonté de Dieu, pour lui faire aimer la Source de ſon être : Je dis peu-exacte, parceque Dieu eſt juſte, plutôt

que bon ; la bonté ne nuisant jamais en
lui à la justice.   Ensuite, descendant à la
religion du pays où nous vivons, nous
lui en fimes connaître l'excellence. Elle
était alors dans un âge convenable pour
commencer à en suivre toutes les prati-
ques.   Il en est une, qui serait un chef-
d'œuvre de politique, si elle n'était pas
d'institution divine : je veux dire la con-
fession.   Qui peut nombrer les biens qu'elle
a faits, & qu'elle opère encore ! mais les
abus font à côté, malheureusement ! &
leur fomme, mise dans la balance, tien-
drait le bien en équilibre.   Le ministère du
Confesseur lui donne des fonctions plûs-
qu'humaines : il faut, non pour le bien remplir, mais pour qu'il ne devienne pas le plus
étrange des abus, une âme pure, droite,
éclairée, tranquile. Si l'une de ces qualités
manque, le Confesseur est un empoisonneur
public, qui va corrompre les mœurs dans
leur fource.   S'il joint aux bonnes qualités
le zèle, & cette vertu que le Criftianifme
nomme *charité*, c'est un Ange, c'est un
bienfait inappreciable de la Divinité ; c'est
plûs qu'un bon Père, qu'un fidèle Ami, qu'un
bienveuillant Protecteur ; c'est plûs que
tout ce qu'on peut imaginer d'excellent ;
c'est le bras de Dieu.

»L'Homme ne peut juger des qualités
interieures, que par les exterieures : celles
du Confesseur doivent être une grande

modeſtie ; un dehors franc & ouvert ; une grande affabilité, ou plutôt *affeduosité ;* des manières nobles, & non baſſes, ou rampantes, & un âge très-avancé ; il doit avoir paſſé les cinquante ans, & n'avoir jamais joui que d'une reputation ſans tache. Je voudrais encore, avec Saint-Paul, qu'il eût été père-de-famille ; que ſes Enfans fuſſent des temoignages vivans de ſa capacité ; l'experience m'ayant convaincu, qu'il n'eſt point d'âme plus pure, que celle de l'Homme qui a rempli tous ſes devoirs de citoyen. Loin donc d'admettre aux Ordres de jeunes Fats, depuis vingt juſqu'à vingtcinq ans, je ne recevrais pour Aſpirans au gouvernement des âmes, que des Hommes experimentés, qui pourtant auraient toute la ſcience ordinaire dans cet état : j'en ferais la courone de la vieilleſſe de l'intègre Magiſtrat pour la Haute-église, & du bon Citoyen de tous les états, pour le Second-ordre.

»Celui que nous avons choisi pour lui confier ce que nous avons de plus cher au monde, l'âme de notre Fille, avait toutes ces qualités, mon Ami : nous avions les yeux ſur lui depuis la naiſſance d'Angelique ; c'était un Homme prudent, que ſon Seigneur avait preposé pour rendre la juſtice dans trois ou quatre terres voiſines les unes des autres. Il avait fait ſon droit (ſcience neceſſaire aux Curés de campagne, & à laquelle il eſt étonnant qu'on ne les inicie pas), & le titre d'Avocat qu'il prit enſuite, ne ſervit que de degré à la fonction de Juge qu'il était deſtiné à remplir. Sa conduite avec ſon Epouse fut toujours exemplaire : quatre Enfans qu'ils avaient élevés, n'ayant eu que de bons exemples, imitaient leur conduite. L'honnête Prevôt ayant perdu ſa Compagne, arrangea ſes affaires, établit ſes Enfans, & resolut de conſacrer le reſte de ſes jours à la religion. Il vint ſe presenter à l'Evêque de Langres (feu M. *De-Montmorin*, le même qui fit faire tant de miſſions), & en fut accueilli. Au bout de deux ans de retraite, il fut ordonné prêtre, & ſon Seigneur lui procura la cure de la principale des Paroiſſes où il avait jugé. Voila le Confeſſeur d'Angelique ; vous le connaiſſez ; vous l'aimez ; nous avons eu ſoin de vous lier enſemble, afin que vous le penetraſſiez, & que vous fûſſiez convaincu, que nous n'avons permis d'approcher notre Fille qu'à des Gens eſtimables, dont nous pourrions repondre à ſon Epoux : mon Ami, nous ne l'avons jamais enviſagée ſeule, mais toujours comme deſtinée à être l'épouse d'un Honnête-homme, & l'inſtrument de ſon bonheur.

» Angelique a donc rempli tous les devoirs de la religion. La lecture de l'Évangile les lui fit connaître : l'idée qu'elle avait conçue de la bonté de Dieu, les lui fit aimer. Un Homme athée, épicurien, pourrait, en toute rigueur, refter honnête-homme : il n'en eft pas ainfi d'une Femme : portée aux extrêmes par fa conftitution, la trop grande molleffe & l'irritabilité de fes fibres, elle eft prefqu'incapable de ce milieu froid, où fait fe conferver un Homme, comme le *Wolmar* de la *Nouvelle-Heloïse*, par exemple. Une trifte experience le prouve à Ceux qui frequentent les grandes Villes, où l'on voit des Filles-de-theatre : leur impudence defcend au-deffous de tout ce que l'Homme pourrait oser. Auffi ma Mère & mon Epouse, autant & plus éclairées que ces petites Philosopheuses de la Capitale, qui affichent la *liberté-de-penfer*, ont toujours fcrupuleusement confervé dans leurs cœurs le feu facré de la religion : elles l'ont regardée comme la courone de leur vertu ; & mille fois ma Mère m'a dit, Qu'une Femme athée n'eft plus digne de regner fur le cœur d'un Honnête-homme ; que fi elle pratique encore fes devoirs, ce n'eft que par orgueil ; & que ce vil motif peut à chaque inftant perdre de fon énergie ; deforte que l'Epoux ne doit qu'au hasard, au manque de tentations affés fortes, la vacillante & casuelle fidelité de fa Compagne.

»Vous voyez, mon Ami, par tout ce que je viens de vous dire, qu'Angelique ne fera point imperieuse, ni vaine des pretendus avantages de fa figure ou de fa condition ; tout cela eft nul pour elle : encore moins fans frein & fans joug ; dès l'enfance, elle a été contrainte, affujetie, à fa Mère, à moi, à fes engagemens, à fa parole, à la raison : les motifs tirés de la religion font venus à l'appui des vertus morales ; elle a vu, dans la religion, leur prix, independamment du plaisir des fens, & du bonheur momentané de l'exiftance precaire dont nous jouiffons : mon Ami, croyez-vous qu'une Fille telle qu'Angeli-que vous garde le ferment qu'elle doit vous faire devant Dieu, de vous aimer, de vous être fidelle?

»Il eft une autre precaution que nous avons prise avec Angelique, lorfqu'elle a eu un Frère. Vous favez que dans les Familles les plus honnêtes, on accoutume de bonne-heure les Garfons à refpeéter leurs Sœurs, à leur marquer des deferen-ces &c. Cet usage eft excellent pour les Garfons, fi on ne l'outre pas; f'ils n'en font pas une habitude machinale, & qu'ils aient le fentiment de cette politeffe (ce qui eft fort rare)! mais quel que foit le motif des Frères, cet usage eft prejudi-ciable aux Sœurs : les Parens les traitent precisement comme ces *Ilotes*, que les Spartiates fesaient gorger de viandes & de vin devant leurs Enfans, pour leur donner une juste horreur de l'intemperance par ses suites épouvantables. Y at-il, je ne dis pas de la piété, de la raison, mais de l'humanité à traiter ainsi nos Filles? à les sacrifier à l'éducation de leurs Frères? Car ces Infortunées s'accoutument de-bonne-heure aux égards, aux deferences; elles se font une habitude, un caractère de la hauteur & de l'exigeance: tant qu'elles sont jeunes & jolies, rien ne les contrarie; mais dans la maturité, dans la vieillesse, sous les loix du mariage, c'est-à-dire, les trois-quarts de leur vie, elles paient d'autant plus-chèr cet empire momentané, que l'*imperiosité* leur était devenue comme naturelle, & que les Hommes effeminés, les Petits-maîtres, se vangent sur elles par leur mepris, & de leur gloire passée, & de tout ce qu'ils sont obligés de ceder à Celles qui sont jeunes & jolies. Une Mère raisonnable, instruite par l'experience, ne cherchera-t-elle donc pas à preserver sa Fille de ces années de depit, de souverain ennui tout-au-moins, qui, pour les Femmes ordinaires, & surtout dans les premières conditions, suivent la perte des attraits? Encore si les Fils profitaient toujours de cette amenité qu'on

veut imprimer à leurs mœurs ! mais la plupart meprisent ce qu'on leur fait honorer;
ils favent deja comme penfe le monde, &
ne donnent que des femblans pour de la
confidèration; leur cœur fe ferme à l'eftime d'un Sexe, pour lequel on leur a fait
avoir des deferences fans motifs; le fentiment d'une fecrète jalousie qui les aliène,
leur dit, qu'apparemment il n'y en a point
de veritables, puifqu'on ne les leur a pas
donnés. On eût évité cet inconvenient
fi dangereux, en ne fesant marquer jamais
aux Frères de deferences pour leurs
Sœurs, mais en les engageant à leur te-
moigner beaucoup de bonté; en portant
les Petites-perfonnes à fubjuguer leurs
Frères, à f'attirer leur bienveuillance, à
la meriter par des prevenances, & même
par de petites cajoleries, qui ont toujours
autant de grâces dans les Femmes, qu'elles
font plates, baffes & ridicules dans les Hommes de tout âge. Par-là, on fournit aux
Filles des armes pour captiver leurs Maris;
on les exerce à faire un usage éclairé de
leur amabilité; en même-temps qu'on
accoutume les Hommes à leur ceder d'une
manière qui ne les avilit pas , & qui
eft également avantageuse aux deux
fexes. Vous jugez bien, mon Ami, que
ce dernier parti eft celui que nous avons
pris avec notre Fille. Nous l'avons ha-
bituée

bituée à respecter ses Frères, à se regarder auprès d'eux comme un hors-d'œuvre
de la Famille, destiné à passer un-jour
dans une autre, qui deviendra la sienne.
Cette idée juste d'elle-même l'a toujours
rendue modeste auprès de ses Frères; l'a
empêchée de rapporter trop à elle nos
avantages; desorte qu'à ce moment, ils ne
lui sont sensibles, que par l'affection qu'elle
a pour nous : par rapport à elle-même,
ceux de votre maison l'affectent bien plûs !
Ainsi, mon Ami, je vous ai préparé une
Femme modeste, deja toute occupée de
vous, qui n'est plus étrangère à votre
Famille, & qui s'y trouvera comme à
sa place naturelle : si vous étiez d'inegale
condition, & que ma Fille l'emportât sur
vous, nous n'aurions rien à redouter de
son orgueil; la Famille où elle est née,
n'est pas la sienne; c'est celle où elle entre par le mariage; elle en est convaincue.
—Hâ! monsieur (s'écria l'Amant d'Angelique,) la conduite que vous avez tenue,
aurait corrigé la perversité du plus mauvais
naturel! —Nous n'avons eu à travailler
que sur le plus heureux.

»Mais une Femme ne doit pas être une
savante, negligée dans sa parure, dans
ses manières, dans son expression : il faut
qu'elle reste femme, c'est à-dire aimable :
& voici le dernier point de l'éducation

d'Angelique ; nous avons cherché à lui faire acquerir toute l'amabilité poffible. La nature avait beaucoup fait ! cependant nous avons reconnu que pour former la Femme fociale, il faut toujours l'aider. Souvent la nature n'a pas donné un fon de voix affés agreable ; il faut l'adoucir : une demarche affés noble, affés aisée ; il faut y donner des grâces : le fourire n'embellit pas ; il faut le corriger, le refondre, f'en faire un factice : le mouvement des yeux eft trop vif, alors il annonce l'étourderie, l'inconfideration ; ou trop lent, alors il eft mat & froid ; quelquefois il eft effrayant, égaré, par une desagreable rotation de la prunelle, qui fe cache fous la paupière, & ne laiffe voir que le blanc ; il faut changer tout cela, & fe faire une feconde nature : une Femme doit être pour fon Epoux le miroir des grâces ; il doit la trouver jolie, fans qu'elle ait de beauté.   Si elle eft abfolument laide, elle peut encore fe rendre aimable par un fon de voix fi doux, fi touchant, qu'il aille toujours au cœur.   J'ai connu dans cette province une Femme que la petite - verole avait abfolument enlaidie ; en la voyant, on était tenté de fuir ; un mot forti de fa bouche vous arrêtait ; & fi vous l'écoutiez un demi-quart d'heure, elle vous fixait auprès d'elle, tant fa voix avait de douceur & d'enchantement. Les Femmes laides doivent particulièrement s'attacher à se donner les grâces de l'énonciation; mais sans affecter; ce serait tout perdre.

» C'est pourquoi la bouche ne doit pas être negligée: on doit veiller de bonne-heure, à faire éviter aux Enfans tout ce qui peut la deformer; il faut donner à leurs dents la plus grande attention; c'est dans le temps de la chute des premières, qu'il faut proportionner les alimens aux forces des nouvelles; être attentif à ce que les Enfans n'en prennent ni de trop chauds, ni de trop âcres; à ce qu'ils ne mangent point de ragoûts trop relevés &cᵃ ; parceque tout cela mord sur un émail tendre & le jaunit: il faut de même leur faire éviter les alimens trop durs, depeur qu'ils ne dévïent quelques-unes des dents, & ne les forcent à prendre une fausse direction, qui deparerait tout le ratelier, ou-bien obligerait d'avoir recours à l'art dangereux du Dentiste. De-même, on ne doit leur permettre de se laver la bouche qu'avec de l'eau pure; leur faire éviter le mauvais air, qui, lors même qu'il n'incomode pas la santé, ne manque jamais son effet sur les dents. Ce genre de beauté est de la dernière importance dans les deux-sexes, & toujours en raison double dans les Fem-mes. Une bouche saine, bien garnie, peut faire oublier la laideur ; comme le contraire aneantit le charme de la beauté.

» Nous n'avons rien negligé de tout-cela pour Angelique : c'est pour nos Enfans que nous avons quitté la Capitale pendant un temps considerable ; ni la Sœur, ni les Frères n'ont aucune des incomodités si frequentes à la Ville ; tâille parfaite, teint de santé, haleine pure, force de temperament. La manière de les nourrir a secondé la *favorabilité* du local : voyez cette humeur égale de votre Cousine ; elle est presqu'autant l'effet des alimens doux qu'elle a toujours pris, que de nos attentions à la former, à ne pas aigrir son esprit par des contradictions mal-entendues. Ayez soin, mon Ami, lorsque vous serez unis, qu'elle continue ce genre de nourriture, autant pour elle que pour vos Enfans ; comme de votre côté, vous entretiendrez pour son esprit le regime que nous avons observé. En-effet, comment des fibres continûment abreuvées de sucs âcres, mordicans, n'éprouveront elles pas des mouvemens demi-convulsifs, surtout dans les Femmes, dont les nerfs trop flexibles vont plus facilement aux extrêmes. Voyez-les dans l'ivresse ; elles sont beaucoup plus folles que les Hommes : les nourritures irritantes ne produisent pas un effet aussi sensible que

les liqueurs fpiritueufes, mais elles opè-
rent fourdement...... C'en eft affés
fur cette matière : revenons à l'amabilité.

»»Elle eft effencielle aux Femmes : elle
eft independante de la beauté de forme ;
mais la beauté des traits l'augmente : une
Femme fans agremens dans les traits,
fans amabilité dans les manières, eft un
monftre qui n'eft bon à rien ; il faut la
fequeftrer ; & comme, pour plaire à l'Etre-
fuprême, la figure & les grâces ne font
rien, fi les Couvens fubfiftaient, je voudrais qu'ils ne fuffent peuplés que de ces
Êtres informes, propres à attrifter la
Société, à perpetuer même la laideur par
leurs Enfans. Ainfi, quoique je penfe
que la beauté ne foit pas neceffaire au
bonheur ; qu'un Homme eft prefque toujours plus heureux avec une Femme *non-
belle*, je fuis pourtant perfuadé qu'une
Epouse ne doit pas manquer de tous les
genres de beauté ; la *mignoneffe*, au-moins
partielle, lui eft effencielle ; il faut qu'il
y ait en elle quelque chose où l'œil puiffe
f'arrêter avec fatiffaction, avec complaisance ; & furtout que l'oreille foit agrea-
blement affectée du fon de fa voix, de fon
rire, &c. Cette *agreabilité* fait oublier
les defauts des autres parties. Exemple :
une Femme eft laide, mais elle a le fourire
charmant : rit-elle, toute fa laideur f'é-

vanouit; l'Homme qui l'a vue fourire, ne
la voit plus que dans cette difposition,
lors même qu'elle eft le plus ferieuse : ou-
bien elle a le fon de voix enchanteur; dès
qu'il l'aperçoit, il croit l'entendre : ou-
bien elle a une bouche appetiffante; il
ne voit que fa bouche, &c.

„ Angelique a donc appris de nous à
donner au fon de fa voix, à fon fourire,
au mouvement de fes yeux, à fa demarche, à fon inaction même un mode, une
manière, qui rend tout intereffant en
elle; qui fait qu'on ne peut imaginer qu'il
foit poffible que cela foit mieux. Nous
lui avons fortement inculqué cette maxime : *Il vous eft auffi effenciel de plaire,
que d'être vertueuse : tous-deux font neceffaires à votre bonheur : fi vous ne
plaisez pas, vous n'êtes pas femme ; vous
êtes audeffous de tous les Etres, car vous
n'êtes pas ce que vous devez être, vous
n'êtes bonne à rien. Or, on ne plaît pas
toujours par la beauté ; acquerez donc ce
qui vous eft neceffaire pour plaire toujours,
les grâces, les talens ; maintenez votre
fanté autant qu'il fera en vous, non par
de vains desirs de vous bien porter, par
des recours frequens à la medecine, par
la fatiffaction de goûts desordonnés, par
la fenfualité, la pareffe; mais par la moderation dans toutes vos fantaisies.* Et

nous fommes parvenus à la perfuader,
parceque fa Mère l'inftruisait d'exemple.
Sans cet efficace moyen, croyez, mon
Ami, que toutes les leçons euffent été
parfaitement inutiles.

 ᵌᵌ Si nous avions cet entretien devant les
Raisonneurs des Villes, ils ne manque-
raient pas de nous dire, Que toutes les
Filles desirent de plaire, & qu'il eft affés
inutile de les y preparer par l'éducation.
S'il ne f'agiffait que de plaire, tandis
qu'elles font filles, je penferais comme
eux (dumoins pour le plus grand nombre,
& non pour toutes); mais elles doivent
plaire étant femmes; & quand la pointe
du desir eft émouffée, elles doivent favoir plaire fans y fonger, naturellement,
avec cette aisance qui nonfeulement fait
charmer, mais qui fait continuer à plaire.
Angelique fachant qu'elle devait paraître
aimable, en prenait tous les moyéns, avant
d'avoir le fentiment qui fait que les Filles
desirent d'étre trouvées belles : ainfi, les
grâces font en elle l'effet de l'habitude ; elle
les confervera jufques à la vieilleffe : & c'eft
ce que nous avons pretendu.

 ᵌᵌ En effet, quelle merveille, qu'une Fille, dans quî le besoin d'aimer étouffe les
autres goûts, emploie toute fon adreffe
pour fe rendre intereffante ? elle eft ne-
ceffitée à le faire ; c'eft dans elle un inf-

tinct. Ce besoin d'aimer se manifeste de
mille manières. A la Capitale même,
où les goûts naturels sont presque tous
changés par l'art, où l'instinct physique
est remplacé par des fantaisies, j'obser-
vais un jour une très-jolie Personne, d'environ seize-ans, qui caressait avec transf-
port les Enfans du premier âge : elle quit-
tait tout pour eux, & leur rendait avec
plaisir, avec enjoûment les services les plus-
desagreables. Cette Jeune-fille fuyait les
Hommes, & paraissait les haïr : son goût
pour les Enfans était le seul indice des
mouvemens secrets de son cœur. Un ha-
bile Homme me disait à ce sujet, que
l'ouie & la vue admettent une multitude
de corpuscules qui s'échappent des autres
corps par les mêmes organes : desorte que
deux Amans se touchent veritablement,
quoiqu'à une certaine distance; à-peu-près
comme deux goutes d'eau communiquent
deja par leurs atmofphères, avant que la
jonction soit perceptible pour nos yeux :
aussi la persuasion de la part d'un Amant,
est-elle autant l'effet purement physique
de ses discours & de ses regards, que de la
nature des choses qu'il dit. Ainsi, con-
tinuait-il, dans une Femme bien-consti-
tuée, la presence d'un Jeune-enfant remue
les mêmes nerfs que l'amour fait agir ; parceque dans les Femmes (& les Femelles des

(Animaux) le sentiment de l'amour, celui de la tendresse maternelle, & celui du besoin que la Mère a de son Fruit, se tiennent, agissent par les mêmes nerfs, & dependent des mêmes organes : l'amour des Enfans est donc en elles le contrecoup naturel d'un fort panchant à aimer, mais qui doit s'exercer de la manière la plus innocente, la plus digne de la Femme. Mon Ami, notre Angelique porte ce goût pour les Jeunes-enfans aussi loin que vous savez. Leurs cris font couler ses larmes ; elle se jeterait pour eux à travers les plus grands dangers : nous en avons plus d'une preuve. Mais reprenons ce que je disais.

»Toutes les Filles, dans l'âge où la nature les achève, ont physiquement le desir de plaire ; elles en prennent naturellement les moyens avec plûs ou moins d'adresse : mais il faut que l'art leur apprenne à suivre ces moyens audelà du terme donné par la Nature : la Femme sociale doit plaire toute sa vie ; elle ne doit pas ressembler aux fleurs steriles, mais aux fruitières, qui charment les yeux au printemps, & ne plaisent pas moins en automne, metamorphosées en beaux fruits.

»Nous n'avons pas oublié de mettre en consideration la *quantité* des alimens : il est une certaine proportion qu'il faut établir entre le temperament de l'Enfant,

& fa nourriture, en fe règlant d'après une preparation faine, mais non excitative, prise en fanté parfaite jufqu'à la fatiffaction de l'appetit : Je dis, *une preparation non excitative ;* car l'Enfant, laiffé à lui-même avec des alimens excitatifs & fucculens, furchargerait fon eftomac, & en gâterait enfin le reffort. La quantité prudemment règlée de la nourriture, a deux avantages; le premier d'accoutumer à manger peu (très-important pour les trois-quarts du Genre-humain, & pour tout le monde dans certaines rencontres difficiles)! le fecond, de procurer la minceur & l'élegance de la tâille : ce dernier avantage demande quelqu'attention, pour être confervé; car pour peu qu'une Femme élevée de la forte f'oublie, lorfqu'elle eft mariée, & qu'elle écoute trop fon appetit, elle tombera dans la corpulence, à difpositions égales, plutôt que Celle qui n'aura point fuivi de regime. Nous avons règlé Angelique d'après une épreuve conftante, reïterée d'année en année ; elle pouvait manger moins, & jamais plûs : il en eft resulté pour elle, outre les deux avantages dont je viens de parler, une admirable fobriété.

Avant de terminer ce qui regarde l'éducation d'Angelique, je vais entrer dans quelques details fur la conduite que nous

tenons envers le Frère-aîné & la Sœur.
Vous savez, mon Ami, que nous avons élevé Angelique pour aimer : nous avons de
bonne-heure penetré son âme de cette
douce chaleur, pour la lui rendre naturelle : nous l'avons, pour ainsi dire, de-
tachée de nos biens, de nos avantages &
de notre maison, pour ne la rendre sensi-
ble qu'à l'illustration, & aux avantages
de la famille de son Mari futur. Nous
l'avons rendue caressante, mais non importune, timide, modeste, & pourtant
desireuse de plaire, soigneuse de se parer,
difficile sur ses ajustemens, c'est-à-dire,
y voulant plus d'élegance & de propreté
que de richesse, &c. Nous suivons pour
son Frère une route presque toute - op-
posée : *Antonin* est élevé dans une sorte
de cynisme & de dureté pour lui-même ;
nous n'avons craint aucun des inconveniens de l'éducation actuelle, autant que
la delicatesse de nos Jeunes-effeminés. Il
couche, comme vous le savez, dans un
branle semblableà ceux des Marins, garni
d'un matelas fort mince: sa chambre est
une espèce de corridor où tout le monde
va & vient, & comme ce branle gêne les
Plus-grands, ils sont obligés de l'agiter
pour passer; le sommeil d'Antonin n'en
est pas interrompu: le bruit ne fait sur
lui aucune impression desagreable: ses

habits ne font que de toile en tout temps ; fes jeux font des exercices violens, la courfe, la lute, avec les Camarades que nous lui avons choisis ; le port de fardeaux pefans, & dont j'augmente tous les mois le poids d'une livre. J'ai établi l'efpèce de *pancrace*, auquel nous avons joué nousmêmes, exprès pour lui ; vous favez qu'il y paraît prefque nud, comme les anciens Athelètes grecs, & que les coups de lanière les plus vigoureux lui arrachent à-peine un foupir : couvert de fueur & de pouffière, il rentre, fait ce que fa Mère lui ordonne, fans le moindre figne d'impatience, ou de honte de fa malpropreté, & va, lorfqu'il eft libre, fe jeter dans l'étang. La natation eft le dernier des exercices du jour ; elle exerce dans un art neceffaire, furtout au Soldat de terre ou de mer, lave & delaffe le corps, que les autres parties de la gymnaftique ont fatigué. Il y a toujours un combat dans l'eau, & l'adreffe eft recompenfée.

»C'eft fa Mère qui donne les ordres ; l'on a recours à moi pour les fciences. Le refpect que nous lui avons infpiré pour fa Mère va audelà de ce que le commun des Hommes pourrait imaginer : elle eft à fes yeux une divinité. (Et, mon Ami, ce fentiment eft bien reciproque ; quel objet pour ma Femme que fon Fils !) Par cette veneration, nous établiſſons dans ſon âme le veritable reſpect pour les Femmes; nous le preparons à prendre pour Celle qui le rendra père un-jour, des ſentimens ſolides & durables. Voyez comme il les regarde toutes; comme il eſt devant elles reſpectueux & timide! Les Hommes, quels qu'ils ſoient, ne lui imposent pas; ils ne ſont que ſes égaux: une Femme paraît, Antonin baiſſe les yeux & ſ'incline; il croit être devant une Creature celeſte. C'eſt ainſi qu'il faut penſer, mon Ami, pour conſerver des mœurs pures: car les Femmes doivent nous donner nos vertus comme nos plaiſirs; & pour ces deux choses, il faut que nous puiſſions les reſpecter: Il eſt dans la nature, que l'Homme cherche à imiter, & qu'il aime à poſſeder ce qu'il trouve plus excellent & plus parfait que lui: tout eſt perdu dans une Nation, ſi les Femmes y ſont meprisables; Sparte & Rome perdirent ainſi leur liberté; ainſi parmi nous les mœurs des élegans Petits maîtres ſappent ſourdement les fondemens de l'État & de la ſureté publique. Oui, mon Ami, le mepris des Femmes, eſt le mepris de la chaſteté, de la retenue, & de toutes les vertus qui tiennent à celles-là. Mais (il eſt neceſ-ſaire de vous l'apprendre) ſachez que les plus grands Ennemis des maximes que nous avons fait ſucer à notre Fils avec le lait, ce font les Femmes des Villes : elles les tournent en ridicule , & craignent les devoirs qu'elles leur imposent ! ces Femmes corrompues trouvent mieux leur compte à ne pas être refpeƈtées ».

—Je vous remercie (f'écria le Jeune De-Reinette tranfporté).   Vous venez de donner à mon amour une nouvelle force. —Je ne faurais vous diffimuler , mon Ami (reprit м. De-Beffi), que f'il ne dependait que de moi , votre efperance ne ferait pas trompée : j'ai formé ma Fille pour rendre heureux un Honnête-homme ; je vous avais en vue : & de tous les Hommes, vous êtes Celui que j'aime & que j'eftime le plûs : Mais des engajemens pris auparavant , par l'infinuation de vos Parens eux-mêmes, qui desirent ce mariage; des paroles données; un Galant-homme à éconduire ; une Famille à mecontenter ; tout-cela eft embarraffant ! comment ferons-nous ! —Je m'en retourne : demain, мonfieur , j'aurai peut-être des choses agreables à vous dire, je vous repons aumoins ne rien negliger pour qu'elles arrivent-.   Il partit-fur-le-champ plein d'efperance & de joie.   Il paraiffait avoir oublié que fon Père & fa Mère desapprouvaient fon amour pour fa Cousine : mais il efperait beaucoup des moyens qu'il alait employer pour les flechir , & rompre le mariage projeté.

Arrivé chés lui, le Jeune-Amant fit une toilette soignée, & à l'heure du dîner, il descendit au premier coup-de-sonnette. Il trouva sa Mère encore dans son appartement : Angelique était aussi dans le sien ; mais elle en sortit dans l'instant où le Jeune-homme saluait sa Mère. —Enfin, on vous voit donc, Monsieur ! (disait en-riant Mad. De-Reinette à son Fils) : votre conduite est singulière ! pour employer un mot plus doux que vous ne le meritez-! La vue d'Angelique , qui la vint embrasser, l'empêcha de continuer, & dispensa le Fils de repondre. Il leur donna la main, & l'on passa dans la salle-de-compagnie , où il y avait plusieurs personnes avec M. De-Reinette-père. Devant des Etrangers , la conversation devait-être generale : au sortir de table , le Jeune-amant voulut aborder Angelique; mais elle l'évita , ce qui lui donna de l'inquietude : —Aimerait-elle mon Rival? Cette Fille charmante , si bien-élevée , unique dans le monde, & qu'on me destinait, la perdrais-je , par l'obstacle que mes Parens ont mis à mes vues raisonnables-! Il se livrait à ces tristes conjectures , parcequ'il sentait qu'une Fille du caractère de sa Cousine, formée comme elle l'avait été, ne se donnerait, qu'avec toutes les convenances. Il fut intimidé ; il se-retira triste, presque decouragé.

Le lendemain-matin, il ne fut pas moins exact à se rendre chés le Père d'Angelique : mais il avait perdu toute son assurance : Pour augmenter son trouble, il ne le trouva pas, & demanda la Mère. Il lui rendit compte de ce qu'il avait fait, & de ce qu'il avait-voulu faire. —Comment un Jeune homme, avec autant d'esprit que vous en avez (lui dit Mad. De-Besli), n'a-t-il pas senti qu'Angelique, dans sa position actuelle, ne pouvait rien entendre de sa part ? Il falait vous adresser à votre Mère, & d'après ses dispositions, vous auriez vu ce qu'il était à-propos de faire auprès de ma Fille-. M. De-Reinette sentit que Mad. De-Besli avait raison : Il promit de suivre ses conseils.

A son retour, les traces de quelque desordre le frappèrent : on avait derangé plusieurs choses, chés lui, avec affectation. Il ne s'en prit dabord qu'à son Domestique, & se tranquilisa. Ses reflexions l'absorbèrent bientôt : Il s'écria : —Point de bonheur pour moi, sans Angelique-! Un instant après il entendit parler dans son cabinet. —Il faut entrer-! (disait-on): (c'était M. De-Besli & deux Dames): il faut enfin lui decouvrir la verité : Il ne croit pas Angelique mariée ; il faut l'instruire-. Ces derniers mots surprirent étrangement le Jeune-De-Reinette! Cependant il restait immobile, respirant à-peine : On reprit : —Il faut entrer. —Je n'ose ! (dit la Mère d'Angelique) : Comment lui apprendre cette nouvelle, après le recit que M. De Beffi lui a fait, & tout ce qu'il lui a dit hier ? l'efpèce d'affurance qu'il lui avait donnée ? —Hé-bien, j'entrerai (dit mad. De-Reinette). —Mais (reprit la Mère d'Angelique) , fi ma Fille alait lui faire entendre raison ? nous la fuivrions ! —Elle eft mariée ! (f'écria le Jeunehomme !) on m'a trompé !..... Malheur fur Ceux qui m'ont trompé ! Je les regarderai comme mes plus cruels Ennemis ! Mariée !. hô ! je fuis au-desefpoir !

Angelique entra pour-lors timidement : Son Amant la regarda d'un œil égaré....... Mais bientôt il f'attendrit ; fes larmes coulèrent. Il fe leva, & vint lui baiser la main, qu'il rejeta auffitôt, en lui disant : —Venez-vous augmenter mes regrets, mademoiselle- ? Mad. De-Beffi & mad. De - Reinette f'avancèrent : Angelique, la larme à l'œil, embraffa la Première, & fe jeta dans les bras de la Mère de fon Amant. —Non, mon cher Fils, repondit la Mère d'Angelique), ma Fille n'eft pas mariée ! elle vient pour vous dire, qu'elle renonce au mariage. —Comment ! comment ! —Oui, jufqu'à ce que vous foyiez raisonnable, & que vos Parens foient contens de vous. —Grand Dieu ! elle eft encore

libre ! —Mon Ami (dit alors M. De-
Belli en fe montrant), une Fille comme
Angelique rifque beaucoup avec un Jeune-homme, dont les paffions font auffi
fougueufes que les vôtres ! le torrent ne
coule avec fureur que pour un temps; le
fleuve tranquile & majeftueux ne tarit jamais...   Mais Angelique ne ceffera d'être
libre qu'avec toi, ou elle le fera toujours:
Rens grâces à ta digne Mère; c'eft fon
ouvrage-. Le Jeune-homme baifa la main
de fa Mère, qui lui dit.   —Quand j'ai fu
que votre amour était reel, que vous étiez
folidement-épris, j'ai-engajé votre Père à
fubordonner tous nos projets à votre inclination: Depuis que j'ai-vu de près Angelique, je l'aime pour elle-même: La bonne Fille d'une bonne Mère, fera bonne-Bru,
& elle aura auffi une bonne Fille comme
elle : Je reconnais que la bonté vaut mieux
que la fortune-.

Ce mariage f'eft fait aubout du mois, &
il eft heureux, par le merite d'Angelique.

    ☞ Mères, qui cheriffez vos Filles, vou-
lez-vous les rendre heureufes, & les
penetrer de reconnaiffance à-jamais?
élevez-les comme Mad. De-Belli éleva
la fienne: donnez-lui les grâces avec
les vertus; amoindriffez les defauts,
& fortifiez les bonnes-qualités.

2.

II Exemple:

La Bonne-Fille à la Mauvaise-Mère.

Sujet de la Figure.

Adèle dans un Cercle, en presence de fa Mère, qui la regarde avec fureur, à cause des reproches de fa dureté que vient de lui faire une Parente, qui eft à-côté d'Adèle : Un Jeune - homme demande à cette aimable Fille, Si les reproches font fondés ?

» J'ai toujours été mieux traitée que je ne le
» merite ».

[repond-elle modeſtement]

La plûs grande injuſtice que puiſſent commettre des Parens, c'eſt de preferer Un de leurs Enfans aux Autres : mais il eſt une cruauté plus horrible encore, c'eſt de les aimer tous, excepté Un.

Dans une maison bourgeoise, au faubourg *Saintgermain*, outre trois Frères, étaient quatre Filles, d'une agreable figure : *Victoire* l'Aînée avait les plûs-belles couleurs ; *Agathe* la feconde l'air ferieux & fenſé ; *Adèle* la troisième était la plûs jolie, la moins-aimée, & la plûs mal mise; *Sofie* la quatrième était l'Enfant-gâté de ses Parens. La Mère était une Femme dure, capricieuse, dont la conduite n'avait jamais paru mauvaise; mais aux vices de son cœur, il était difficile de se persuader, qu'elle n'eût jamais donné dans aucun égarement. Elle éleva ses Garçons assés-bien, & même ses deux Filles-aînées. Mais on ignore par quel motif elle detesta la Troisième, qui était d'une charmante figure! La Mère avait été belle; mais l'ensemble de ses traits offrait quelque chose de dur, de refrogné; ses trois Filles lui ressemblaient; Adèle seule avait une physionomie douce, un regard timide & modeste.

A l'âge de trois-ans, qu'on l'avait ramenée de nourrice, elle fut confinée avec la Cuisinière ; il fut même defendu à la Femme-de-chambre de lui parler. Le Père (M. *De-Cour*), fut surpris de cette conduite! mais depuis son mariage, il était accoutumé à ceder à sa Femme, pour avoir la paix : Il disait son mot, lorsque sa vue était blessée de quelque chose; mais si ce mot était mal-pris, il ne le repetait plus; il tâchait de se persuader que sa Femme avait raison. C'était un moyen de vivre tranquile; mais ce n'était pas celui de remplir ses devoirs de Père-de-famille.

Tant qu'Adèle fut enfant, l'on fit peu

d'attention dans le monde à la conduite qu'on tenait avec elle : Cette conduite était même ignorée en-partie. Mais lorsqu'elle fut grande, & qu'on l'entrevit quelquefois dans la maison, les Amis & les Connaissances en parlèrent, & sa Mère, malgré sa haîne, fut obligée de cesser de la traiter comme elle avait fait jusqu'alors. Il faut en donner une idée, pour montrer à quel excès un mauvais cœur peut égarer une Mère, qui ne sait pas commander à ses passions.

Dès qu'Adèle fut en état de tenir l'aiguille, on la fit travailler assidûment, non comme les Filles des Pauvres-gens, non comme les Apprentisses des Lingères & des Marchandes-de-modes; mais comme ces Infortunées, qu'on éleve dans les Hôpitaux, sous l'empire du despotisme le plus dur & le plus inhumain. Elle était renfermée dans une chambre seule; sa tâche lui était prescrite; on ne lui donnait aucun relâche, aucune recreation; sa Mère (elle l'avoua quelquefois à ses deux Aînées) avait dessein de lui courber la tâille par cette application, ou tout-au-moins de lui donner mauvaise-grâce. On la vit ordonner à ses Fils & à ses autres Enfans de la mepriser, de l'humilier, de la rabêtir : on ne lui donna aucun talent agreable. Sa Mère aimait passionnement les Chiens; elle en avait une demi-douzaine, de vieux, de jeunes, la plupart très-malpropres, très-degoûtans : on mettait ceux-ci dans la chambre d'Adèle, qui était seule chargée de les netoyer tous, & de leur preparer leur nourriture : s'ils en manquaient, ou qu'ils ne la mangeassent-pas, elle était cruellement maltraitée par sa Mère, par ses Sœurs mêmes. Un jour, entr'autres, un des Chiens refusant constament de toucher à ce qu'Adèle venait de preparer, sa Mère la força de le manger elle même, disant qu'elle y avait mis des choses degoûtantes. Il est à remarquer, que le goût excessif pour les Animaux, est un goût monstrueux, & presque toujours la marque d'une vilaine Ame : Toute Femme qui aime les Chiens au point de faire maltraiter un Homme, &, ce qui est horrible, Un de ses Enfans ! pour un coup donné à un de ces Animaux, est à coup-sûr un monstre : telle chose qu'elle puisse dire, c'est un monstre, parce qu'elle a un goût monstrueux, vil, bas ; elle est coupable d'une sorte de crime de bestialité. Notre goût pour les Animaux doit être innocent, il doit être infiniment subordonné à ce que nous devons aux Hommes nos semblables : Femmelettes imbeciles, qui adorez vos Chiens, vous outragez la nature, en vous croyant une âme sensible !..... Le goût brute, qu'avait au plus haut degré la Mère d'Adèle, acheve de la peindre, & d'exprimer à quel point elle rendait sa Fille malheureuse.

Adèle vecut ainſi juſqu'à l'âge de ſeize-ans. A cette époque, les Amis, les Parens, les Connaiſſances firent du bruit; le Père rougit de ſa puſillanimité, ſurtout après qu'on lui eut montré, dans le *Cenſeur-univerſel*, une Anecdote qui retraçait au-naturel la conduite tenue envers ſa troiſième Fille : il parla en maître, & Adèle parut à table.

Le matin du premier jour, on lui porta, pour ſe parer, ce que ſes Sœurs avaient de plûs mal-fait, de plûs paſſé : on la laiſſa ſeule, en lui diſant d'être habillée pour deux heures. Adèle finit ſa tâche d'ouvrage, en redoublant d'activité : elle n'eut qu'une heure pour ſa toilette : Elle arrangea comme elle put ſes cheveux cendrés, qui n'étaient pas encore fort longs, car on avait coutume de la tondre tous les ans. Cependant elle y-donna de la grâce, ſous un grand bonnet, à-demi-deformé, de ſa Sœur-aînée. Elle mit un vieux corſet, tout-rompu, & pardeſſus une robe bleue, devenue d'un blanc-ſale par l'uſage & parceque ſa Sœur l'avait portée à la campagne. Cependant elle ſe donna un air de propreté; la beauté de ſa forme, l'élegance & le degagement de ſon cou rectifièrent la mauvaiſe- façon de ſes habits. On lui avait-apporté des ſouliers de ſa Mère, autrefois blancs, maintenant jeunes, faits à l'antique : mais heureusement la forme du talon en était favorable ; le pied d'Adèle, qui n'avait rien que de parfait, prêta de la grâce à ces antiquailles. Elle était vêtue agréablement avec des choses desagreables, quand sa Sœur aînée vint lui ouvrir la porte, pour la conduire à table. Elle recula trois pas, en la voyant jolie : Elle n'y-concevait rien ! Elle fut sur le point de la renfermer ; car cette Aînée était mechante & dure : mais la voix de son Père, qui demandait hautement Adèle, l'intimida ; elle la preceda tristement, sans lui rien dire.

Tous les Cœurs volèrent audevant de la Jeune-infortunée ; toutes les Dames l'embrassèrent, les Hommes la regardèrent avec une sorte de respect : M. De-Cour dit obligeamment à son Epouse, qu'il la remerciait de sa complaisance, & du soin qu'elle avait-donné à l'arrangement d'Adèle. Cette Femme, qui se sentait coupable, crut que son Mari la persifflait ; elle repondit avec aigreur. Mais le ton de M. De-Cour ne tarda pas à la ramener ; elle vit que c'était serieusement qu'il la remerciait. Elle dissimula donc avec lui ; mais elle était furieuse contre sa Victime. Cependant Adèle était à table. Une dexterité naturelle lui tenait lieu d'usage ; sa modestie voîlait

son

fon ignorance; elle parla peu, & quand on l'interrogea; mais elle repondit avec bon-fens, avec reflexion, avec cette politeffe propre à un Être naturellement doux, qu'on a toujours meprisé, fans jamais l'aigrir; parce-qu'il n'a pu lui tomber dans l'efprit, que ce fût par caprice, ou par dureté qu'on la traitait de la forte.

Après le dîner, fes trois Sœurs donnèrent des preuves de leurs talens : Tout le monde les admira. Enfin on jeta les yeux fur Adèle, comme pour l'inviter à paffer au claveffin, ou à la harpe. —Elle ne fait rien! (f'écria fa Mère); elle eft fi bête, qu'on n'a jamais pu lui rien montrer-. Ce mot éclaira un Jeune-homme, peu au-fait de l'interieur de la maison, où on l'avait nouvellement introduit, dans la vue de lui faire prendre du goût pour m.lle De-Cour l'aînée. Depuis qu'il voyait Adèle, il fe disait en lui-même, —Voila mon Epouse; elle eft douce, modefte, fans pretention-: Quand il fut qu'elle n'avait aucun des talens agreables de fes Sœurs, il en fut enchanté : —Elle ne les tiendra que de moi; Un-autre n'aura pas formé fon âme; ne l'aura-pas attendrie par des airs paffionnés; elle ne les chantera qu'avec moi; fuppofé pourtant que je veuille lui donner ces talens futiles, qui ne font au-fond qu'un aliment d'orgueil, & un ger-

me de coqueterie-..... Ce fut d'après
ces reflexions, qu'il adreſſa la parole à l'aimable Adèle, qui rougiſſait de ce que ſa
Mère venait de dire.   —Vous n'avez aucun des talensde vos Sœurs, mademoiselle?
lui dit-il en l'abordant : Je vous en felicite,
& ſi m. votre Père & mad. votre Mère le
permettent, je m'en feliciterai moi-même?
—Comment donc cela (dit en riant m. De-
Cour). —Je ſuis ici devant vos Amis & les
miens (reprit le Jeune-homme); tous ſavent
qu'on ne m'a introduit chés vous que pour
y choisir une Epouse : Ce choix n'eſt pas
fait : mais j'ai horreur des talens agreables
& futiles; je les regarde comme une ſour-
ce de derèglement : je voudrais trouver une
Epouse élevée en ſauvage ; qui eût-été mal
chés ſes Parens, & qui en venant habiter
avec moi, me regardât comme ſon Bienfaiteur, ſon ſauveur, ſon appui, ſon libe-
rateur en-un-mot-.   Une Dame très-
acariâtre, mais d'un caractère different
de la Mère d'Adèle, ſa parente, & ſon
ennemie, parce-que mad. De-Cour lui avait-
été-preferée pour un legs conſiderable par
un vieil Oncle; une Dame prit la parole,
& dit au jeune *De-Bellerive :*   —On
vous croirait inſtruit, monſieur, de la
manière dont ma Cousine a-traité ſa troisième Fille, depuis qu'elle eſt au monde :
Vous n'avez - pas d'idée de la manière

cruelle & dure dont elle l'a-élevée : Cela
crie vengeance ! mais aussi ! voila comme
Dieu benit Celles qui veulent tout avoir,
& qui captent l'amitié des Vieillards ! elles
sont punies par les fautes les plus lourdes-...
Tout le monde fut surpris de cet excès
de grossièreté : mad. De-Cour suffoquait
de rage ; mais toute mechante qu'elle était,
elle craignait son aigre Parente, qui moins
noire, moins dangereuse, était beaucoup
plûs emportée, & qui une fois exaltée,
ne menageait rien. Elle dissimula. Adèle
qui voyait gronder l'orage sur sa tête,
était pâle, tremblante, elle en voulait sin-
cerement à la bavarde Cousine ; mais elle
n'osait parler. Son nouvel Amant la
mit un-peu plus à l'aise, en lui demandant,
Si ce qu'on venait de dire était vrai ? --J'ai
été mieux traitée que je ne le merite (repondit modestement Adèle) : J'ai pour
principe, que nos Parens ne nous doivent
pas leur bonté, mais seulement le neces-
saire : On m'a donné ce qu'on ne me devait pas, & je ne saurais exprimer combien je dois de reconnaissance à mon Père,
à ma Mère, à mes Frères & Sœurs. —Oui !
(s'écria l'Acariâtre, avec une sorte d'em-
portement) : la pauvre Enfant ! elle
leur en doit beaucoup ! A son Père, pour
sa faiblesse, sa mollesse, avec une mechante
Femme ! à ses Sœurs, pour leur insolence !

à ſes Freres, pour leur dureté denaturée, ſans exemple ! je ne ſaurais me taire, & j'éclate enfin ! Auſſi-bien ai-je resolu de ne jamais remettre les pieds dans cette maiſon ! N'eſt-ce pas à vos ſollicitations, à tous, qu'Adèle a paru aujourdhui à table? N'eſt-ce pas la premiere-fois? Et encore, comment eſt-elle arrangée ? Je vais vous le dire, moi.... Tenez, avec une vieille robe de ſa Sœur ... une groſſe chemiſe .... des ſouliers de ſa Mère ... des bas ... C'eſt elle qui embellit tout ce qu'on lui a donné. .... On lui coupait les cheveux, mesdames, oui on lui coupait les cheveux tous les ans..... Hô! je vais tout devoiler, & vous n'aurez pas toujours raison, madame De-Cour, comme vous l'avez-eue avec notre vieux Parent!.... Hâ! ſ'il vous avait connue-!.... Tout le monde interrompit l'Acariâtre, pour lui repreſenter qu'on n'inſultait-pas les Gens chés eux, au-ſortir de leur table. —De ſa table ! J'ai bien payé mon écot-! Ce propos groſſier, dicté par la colère à une Femme audeſſus du commun, acheva de ſoulever tout le monde; on laiſſa l'Acariâtre ſeule, & l'on paſſa dans une autre pièce. Pour Adèle, ne ſachant encore ſur quoi elle devait compter, & ſi elle ſerait diſpenſée de ſa tâche du ſoir, elle ſe retira dans ſa chambre, ſe deshabilla, &

se remit à l'ouvrage, par goût & par crainte.

Elle y-était depuis trois heures, lorsque son nouvel Amant, inquiet de ne pas la voir, s'informa d'elle. Personne ne savait ce qu'elle était-devenue. Sa Sœur-aînée s'avisa enfin d'aler voir dans le reduit qui servait à la pauvre Adèle de chambre de travail & à coucher : elle l'y aperçut sous ses mesquins habits, hâtant son ouvrage. Soit sotise, soit mechanceté, elle ne reflechit pas, & fut charmée de la faire voir dans cette desagreable situation, surtout à son Admirateur M. De-Bellerive : Elle ala le chercher, sans rien dire à sa Mère ; mais quelques Dames les suivirent : On arrive à la porte d'Adèle : Victoire en avait une clef ; elle ouvre bruyamment, suivant son usage ; Adèle tressaille & pâlit... Ce fut dans cette situation, journalière pour elle, qu'on la trouva. M. De-Bellerive fut petrifié. Emu, attendri, à-peine il put retenir ses larmes : il se mit aux genous d'Adèle, en-lui disant : —Vous étiez charmante tantôt ; mais beaucoup moins interessante qu'en ce moment : Je vous jure, touchante Adèle, de n'avoir jamais d'autre Epouse que vous, & d'employer tous les moyens humains pour vous obtenir-. Victoire fut très-étonnée de ce langage, & commença de se repentir d'avoir-montré sa Sœur, qu'elle ne voulait qu'avilir : Elle diffimula, & fit fortir tout le monde, fous pretexte que fa Sœur ferait grondée, fi fa tâche n'était pas finie. Ces mots firent fremir d'indignation dans fa bouche, quoiqu'au fond, ils n'exprimaffent qu'une chose louable & legitime : Car il eft du devoir d'une Mère, de faire travailler fes Enfans; & comme les Enfans ne font-pas toujours raisonnables, de prefcrire une tâche, qui foulage même la Jeuneffe, parce-qu'elle a un point determiné, qui eft le but où elle tend; aulieu qu'en ne fixant rien, la Petite-perfonne qui f'eft amusée à nigauder, & Celle qui a-foigneusement travaillé, fe trouvent également contentes d'elles-mêmes, à l'expiration de l'heure du travail. Mais ce qui était odieux chés mad. De-Cour, c'eft qu'Une-feule de fes Filles fût affujetie à un travail penible, continuel, fatiguant, & qu'on lui en fît un devoir, même un-jour de fête, où elle avait diné à table pour la première-fois.

Victoire ne dit rien à fa Mère, de ce qu'elle venait de faire : Mais le fpectacle du malheur d'Adèle rappelant à un Homme de la Compagnie, un trait femblable, il tira de fa poche la XXIV Semaine-1785, du *Cenfeur - univerfel anglais*, nouvel Ouvrage-periodique, & demanda permiffion d'en lire une *Anecdote :*

I Lecture: *La Fille dénaturément traitée.*

Il eſt arrivé dernièrement dans la Famille d'un Noble, auſſi diſtingué par ſon urbanité que par ſes exploits maritimes, un évènement qui merite l'attention du Public. La plus jeune des Filles de ce Gentilhomme a, dès ſon enfance, été privée de l'affection de ſes Parens, quoique la Nature lui ait prodigué toutes les qualités physiques & morales. Abandonnée à elle-même, ſa propre application en fit une perſonne des plus accomplies: mais au lieu de l'introduire dans le monde, comme ſon âge, ſa beauté & ſes talens le demandaient, elle fut cruellement privée, non-ſeulement, de toute relation convenable avec la ſociété, mais même de la compagnie de ſes Parens. Quand ſa Famille demeurait à la campagne, on lui permettait quelquefois, ſi l'on n'attendait point d'Étrangers, de venir prendre place à table: mais le dedain qu'on lui marquait, & la vue des égards & des attentions multipliés qu'on avait pour ſa Sœur-aînée, lui rendait abſolument inſupportable cette pretendue faveur; quelquefois encore, quand le defaut de compagnie rendait la promenade desagreable, on l'envoyait chercher pour danſer: mais la manière indigne dont on la traitait, lui ôtait la gaîté

E 4

neceſſaire pour un pareil exercice ; &
quand le divertiſſement finiſſait, on ne l'in-
vitait jamais à prendre ſa part des rafraîchiſ-
ſemens. Dans cette deplorable ſituation,
n'ayant pour toute ſociété qu'une Servante
de la maison, dont l'eſprit était trop inferieur au ſien, elle eut recours à l'étude,
pour éloigner les triſtes idées qui l'aſſié-
geaient : mais une trop grande application
au travail , & les reflexions douloureuses
qu'elle fesait dans les intervales, alterè-
rent ſa ſanté & derangèrent un-peu ſa raison. Le premier ſymptôme de ſa maladie, fut une intereſſante & douce melan-
colie. A-peine ſes Parens daignèrent-ils
ſ'en apercevoir ; & ſ'il leur arrivait de
la rencontrer, car ils ne la cherchaient jamais, la ſeule marque d'attention qu'ils lui
donnaſſent, était de lui demander, Comment vous portez-vous ? Queſtion, qu'ils
lui fesaient de l'air le plus indifferent, & ſans
attendre ſes touchantes reponſes. L'Infortunée errait en pleurs aux environs du
château, dans une morne conſternation,
ſans que Perſonne ſongeât à la conſoler,
ni même à ſ'informer de ce qu'elle était
devenue. Bientôt elle fut attaquée des
plus violens accès, & fit quelques efforts
pour ſortir d'un lieu où elle vivait triſ-
tement ſeparée de toute ſociété : mais on
lui donna une Garde pour l'en empêcher.

Cependant, une nuit que toute sa Famille était endormie, elle trouva moyen de tromper la vigilance de son Espion; & par un temps affreux, au milieu des plus épaisses ténèbres, elle s'éloigna de plusieurs milles de la maison - paternelle. On la trouva le matin dans un état pitoyable, & l'on eut beaucoup de peine à la ramener. Elle fit les plus violens efforts pour s'y opposer, sans vouloir avouer où elle se proposait de se rendre. La seule raison qu'on en put tirer, fut qu'elle voulait quitter une maison où elle n'avait éprouvé que des malheurs. On jugea à-propos de lui administrer les remèdes propres à l'état de demence, & entr'autres de lui couper les cheveux. Elle fit quelques prières pour qu'on les lui conservât, & consentit enfin à les perdre, quand on lui eut representé que son retablissement en dependait: puis prenant ses longues & superbes tresses, --Quel dommage, s'écria-t-elle! mais je n'ai pas besoin d'un pareil ornement! Enfin il falut la mettre dans un de ces tristes asiles qui reçoivent les Infortunés, privés de leur raison. L'on assure qu'elle y est encore. La seule impression que ce deplorable évenement a faite sur les Parens cruels, paraît produite par la crainte où ils font, que les veritables causes de cette tragique avanture venant à être connues du Public, elle ne les devouent à l'éxecration generale, ainſi que le merite une conduite auſſi odieuſe.   C'eſt quelque choſe de bien extraordinaire, qu'une Lady, qui, à la taille la plus élegante & à la plus grande beauté, joignait le caractère & les mœurs les plus douces, & ſe fesait diſtinguer par les charmes de ſon eſprit, ait été ainſi la victime de la negligence & de la haîne de ſes Parens »!

Cette Lecture fit une impreſſion ſi forte ſur tous les Convives, qu'on ceſſa de desapp rouver l'incartade de la groſſière Parente, à l'égard de Mad. De-Cour.   On obſervait un ſilence profond, & l'on ſe regardait les Uns les autres, ne doutant pas que cette anecdote ne fut l'hiſtoire d'Adèle deguiſée par le Journaliſte, pour ne pas ſe compromettre.   Après quelques momens d'une inquiette taciturnité, la Compagnie ſe ſepara.   Les Dames en quittant le Jeune De-Bellerive, l'exhortèrent à perſeverer. Les recommandations étaient inutiles ; ſon cœur venait d'être touché pour jamais.

Dès qu'on fut parti, Victoire raconta ce qu'elle avait fait. Sa Mère, ſes Freres & ſes Sœurs fremirent de colère ; car tous la jalouſaient depuis le dîner : tous ſe promirent de rabaiſſer ſon orgueil : ſingulière expreſſion, pour une Fille ſi douce, ſi modefte, & fi malheureuse! On a la voir fi elle avait achevé fa tâche; on lui fit un crime du retard; fa Mère lui donna un foufflet.

Le lendemain, M. De - Bellerive fit demander Adèle en mariage, & parut lui-même un inftant après. On avait repondu, que les deux Aînées devaient paffer avant Adèle. Le Jeune-homme, dès la porte, apercevant M. De-Cour le père, lui dit: —Monfieur, il eft vrai, que naturellement les deux Aînées doivent paffer avant la Cadette; mais ces Demoiselles (montrant Agathe & Victoire) font trop bien avec vous & avec Madame, pour ne pas ceder volontiers leur tour ? —Mad. De-Cour irritée lui dit : — Ce n'eft-pas f'y-prendre fpirituellement, Monfieur, que de critiquer la conduite des Parens, dont on recherche l'alliance; vous n'aurez aucune de mes Filles-. Le Père, qui eftimait M. De-Bellerive, & qui le desirait ardemment pour gendre, prit la main du Jeune-homme, & lui dit: —Je vous promets de vous donner Adèle, & c'eft un point arrêté, à moins que vous ne changiez. —Jamais, pour l'aimable Adèle! J'en fais le ferment. —Je le reçois (dit le Père.) Mad. De-Cour était furieuse : Et tel eft l'effet d'un vice capital, comme celui de cette Mère, qu'il desunit les Époux, les oppose l'un à l'autre, les degrade, les avilit.   M. De-Bellerive fortit, en bravant Mad. De-Cour.   Il eut tort : mais il était jeune, & ne reflechit pas affés à quelles extremités il pouvait expofer la malheureufe Adèle !

En-effet, dans la même matinée, fa Mère la vit venir, & l'humilia de toutes manières : une des manières bizarres qu'elle choifit, ce fut de l'obliger d'habiller fes Sœurs, & de leur fervir de Femme-de-chambre, dans les chofes les plus baffes. Dans l'aprèsdînée, elle lui fit laver la vaiffelle, aulieu de l'Aide de la Cuifinière.

Il faut dire que cette Dernière domeftique, la feule qui vît familièrement Adèle depuis fon enfance, l'aimait tendrement, parcequ'il était impoffible de voir Adèle fouvent, fans l'aimer : Cette pauvre Femme pleurait, en voyant faire fon degoûtant ouvrage à fa Jeune-maîtreffe : Elle fut renvoyée, malgré fon âge & fes longs fervices.   Au-defefpoir, elle ala chès M. De-Bellerive, qui la prit chés lui.

Le lendemain, le Jeune-amant ala preffer le Père, de lui donner Adèle.   Mais il trouva du changement dans fes difpofitions ! fa Femme (dit-il), était furieufe ; fa vie avait être troublée. Il finit par confeiller à M. De-Bellerive d'attendre, ou d'époufer fa Cadette, qui était très aimable, & le bijou de fa Mère.   —Le Ciel me preserve (repondit Le Jeune homme), d'épouser une Favorite de Père ou de Mère, d'Ayeule ou de Tante! Je fais trop que ce font des Sujets deteftables! J'aime Adèle, je l'adore; fon éducation me la rend encore plûs chère, & je vous repons d'aimer votre Épouse en mère, fous ce point de vue-. M. De-Cour ne demandait pas mieux; il promit encore de faire entendre raison à fa Femme, & dit au Jeune Amant de revenir dans l'aprèsdînée.

Mad. De-Cour ne vit qu'une infulte aggravée, dans ce qu'avait dit M. De-Bellerive, & fa fureur augmenta: mais diffimulant fa rage pour le moment, elle ne repondit que peu de chose: fa resolution était d'avilir tellement Adèle aux yeux de fon Admirateur, lorfqu'il arriverait, qu'il f'en degoûtât. Elle fit prendre une felle de Decroteur, & tout le refte; on guettait M. De-Bellerive: Adèle, mife en haillons degoûtans & noircis, fut obligée de decroter fes Freres dans le corridor. M. De-Bellerive arriva. Il la vit, & ne la reconnut pas: mais furpris de la fingularité, il demanda, ce que cela fignifiait? Un rire dedaigneux le mit au-fait; & voici où il manqua: Saifi de fureur, il f'écrie: — Vous profanez la vertu, la beauté-! D'un revers de main, il étend Un des Freres fur le carreau,

& pourfuit les Deux-autres à coups de canne :   dans fa fureur, il eût frappé la Mère elle-même fi elle n'avait fui avec fes Filles. Mais elle triomphait : elle comptait bien, qu'après cet éclat, jamais M. De-Bellerive n'oserait fe prefenter chés elle.   M. De-Cour parut ; & le Jeune amant commençant à fentir fon tort, fe jeta aux genoux du Maître de la maison, en-lui-avouant fa faute.   M. De-Cour fut aneanti, & de la main, fit figne à M. De-Bellerive de fortir.   Le Jeunehomme obéit.

Après fon depart, la fcène fut terrible ! Le Père-de-famille juftement irrité, traita fon Époufe & fes Enfans de monftres ; il leur jura qu'il donnerait Adèle à M. De-Bellerive.   Puis f'arrêtant tout à coup : —Quel eft donc, Madame, (dit-il à fa Femme), le fujet de haîne que vous avez contre cette Enfant aimable, douce ? Je veux le favoir, ou ..... je vous fuppoferai la plus criminelle des Époufes-?   Alors (qui le croirait ?) par la plus abominable mechanceté, cette Femme f'avilit elle-même, & fit le plus humiliant des aveux ..... devant fes Enfans.   Ce fut un coup de foudre pour M. De-Cour. Il fortit accâblé. Depuis ce moment, il ne vit plus Adèle ; il ne f'y intereffa plus.

Cependant le Jeune-amant, maître de lui-même & riche, chercha le moyen de voir Adèle une feule fois. Il y-parvint, avec le fecours de la Cuifinière qu'il avait retirée chés lui : Cette Femme lui donna des inftructions, qui le guidèrent, fans être vu, jufqu'à la chambre d'Adèle. Il n'y entra pas : il refpecta cet asile de la Vertu la plus pure, quoique malheureufe : mais appuyé fur la croisée, il lui jura de la conduire dans un Couvent, & d'offrir publiquement de l'époufer : —Si vous y-confentez (ajouta-t-il), je ne courrai aucun rifque ; ma vie & mon honneur dependront de vous : Je couvrirai de honte vos Ennemis ; ces Sœurs, ces Frères barbares ; cette Mère denaturée... —Hâ Dieu ! f'écria la vertueuse Adèle), mon bonheur, mon ex ftance attireraient de fi grands malheurs fur ma Famille ! j'empoisonerais les jours de ma Mère ! Non, non ! que je fois malheureufe, que je periffe, f'il le faut, mais que je ne fois pas un monftre'... Au nom de Dieu, retirez-vous, monfieur De-Bellerive ! Moi vous expofer ! J'aimerais mieux mourir dès aujourdhui... Parlez à mon Père ; flechif-fez ma Mère ; je ne puis être à vous qu'à ce prix. —Hâ ! vous ne m'aimez pas ! —Je ne veux vous donner qu'une Épouse fans tache ! (dit Adèle à demi-bas), & vous en augurez que j'ai de l'éloignement pour vous ! —Vous avez trop de merite, pour n'être pas-éternellement adorée (reprit l'Amant), & ces derniers mots m'apprennent mon devoir-.

Dès le lendemain, il fit prier M. & MAD. De-Cour de le recevoir : il employa des Gens qu'ils ne pouvaient refuser ; c'était le Prince & la Princesse de-**. Admis dans la maison, M. De-Bellerive animé de l'esprit d'Adèle, se mit aux genoux de MAD. De-Cour, & par ses excuses, ses soumissions, desarma sa colère : Il se reconcilia de-même avec les Frères, qu'il promit de faire avancer par le credit de ses puissans Protecteurs : Ses attentions, son respect pour MAD. De-Cour furent si fortement marqués, qu'elle permit enfin de tirer Adèle de sa prison. Elle vint se jetter aux pieds de sa Mère, pour entendre son aveu de sa bouche, lui protestant que sans cet aveu, elle ne voulait point d'Amant ni d'Époux. —Obeïssez-! lui dit MAD. De-Cour. Adèle fut habillée ; M. De-Bellerive fit tous les frais ; il ne voulut pas de dot : le Père n'insista pas pour en donner. Ce fut alors que MAD. De-Cour, reellement changée, touchée surtout de la tendresse que lui marquait Adèle, dit à son Mari : —Je vous ai fait l'aveu trompeur d'une faute dont je ne suis pas coupable : quant à la cause de la haîne que j'eus pour ma Fille, c'est que dès l'enfance, elle fut trop raisonnable ; elle n'avait rien

des gentilleffes des Autres : J'alai me perfuader qu'on l'avait changée en nourrice ,
& qu'elle était Fille de la *George* , femme que j'aie toujours haïe.   Mais depuis
quelque temps, je decouvre dans fes traits
ceux de ma bonne Tante *De-Lerins*, & je
ne faurais plus douter qu'elle ne foit ma
Fille. Dotez-la comme les Autres-. Cette
retractation ôta un furieux poids de fur
le cœur de l'honnéte M. De-Cour ! Adèle
fut-mariée :   fon nouvel état lui parut le
bonheur même, malgré certains defauts
de fon Mari : Elle en triompha, & quand
elle fut mère , elle cherit également tous
fes Enfans.

☞ Une mauvaise Mère eft un monftre
  contre nature : Etre bonne fille d'une
  Mère mechante, c'eft le comble de la
  vertu, le chef d'œuvre de la piété fila-
  le ! Une telle Fille fera un-jour adorée
  de fes Enfans.

Sujet de la Figure du *Troisieme Exemple.*

Julie montrant à un Jeune-homme, & à fes trois
Compagnes, une Eftampe de Thifbé, qui fe
poignarde fur le corps de fon Amant, fous un
mûrier : On voit une Lionne dans le lointain du
tableau :

» Mais auffi , pourquoi laiffait-elle tomber fon «
« voile » !

III Exemple :
La Fille - Naïve.

Il n'eſt pas de Fille qui ſoit à-l'abri de l'effet des paſſions qu'elle peut faire-naître : Les Hommes, dès qu'ils ont pris du goût pour une Jeune-perſonne-du-ſexe, cherchent à le lui faire-partager : Heureuſe la Fille, qui ne fait-impreſſion que ſur un Homme vertueux ! Car il faut le dire ici ; la vertu du Premier-ſexe depend de lui-ſeul ; celle du Second, ou des Femmes, depend de l'Homme : Celui-ci a le choix ; il peut connaître Celle qu'il aime, l'éprouver, & ſi elle eſt vicieuſe, ſ'éloigner ; elle ne courra pas après lui : Mais une Jeune-fille aimée d'un Mauvais-ſujet, outre qu'il ſe deguiſe (ce qui eſt commun aux deux Sexes), en eſt encore pourſuivie avec une ſorte d'acharnement, qui la peut laſſer enfin, & la faire-conſentir au mariage ; parcequ'elle & ſes Parens regardent une tenacité qui n'eſt qu'opiniâtre, comme une conſtance obligeante: Unefois unie à un Homme vicieux, la Femme n'a preſque plus qu'une vertu precaire ; à tout-moment ſes yeux, ſes oreilles, ſes appas ſont ſouillés par des paroles ou des

actions capables, sinon de la corrompre entièrement, au-moins de blesser sa delicatesse, de l'aigrir & de l'avilir !

Julie-Lebon, jeune-personne charmante, au dire de tout le monde, comme aux yeux de ses Parens, qui la cherissaient, n'avait qu'un defaut ; c'est qu'elle était *nice*, naïve, bornée. Elle repondait bonnement à tout, ne râillait jamais : Si vous lui disiez un mensonge invraisemblable, elle vous regardait avec de grands yeus fort beaux, marquait un étonnement extrême, & vous croyait. Ses bons Parens étaient desolés de sa bonhommie ! Effectivement, un pareil caractère n'était pas sans danger, pour la Jeune-personne, surtout au milieu de la Capitale.

Dans ces circonstances, un Parent de M. Lebon, homme celèbre dans sa province par sa prudence & ses lumières, vint à Paris pour un procès, dont il avait été juge. Il logea dans la maison, & vit Julie tous les jours : Elle avait alors onze ans. Dans les momens de relâche que lui laissait son affaire, il causait avec elle, & paraissait y prendre le plus grand plaisir. M. & mad. Lebon en étaient charmés ; mais ils se disaient quelquefois entr'eux : —Quel goût peut avoir un Homme d'esprit, pour les naïvetés d'une Idiote? C'est par politesse pour nous; c'est qu'il nous aime, & qu'il veut nous le prouver par-là. Cependant un-jour, ils lui en parlèrent: —Vous voulez un-peu deniaiser Julie par vos entretiens avec elle, lui dirent-ils, mais vous y-perdrez votre peine. —La deniaiser ! (s'écria l'Homme-d'esprit), le Ciel m'en preserve ! c'est un caractère admirable, precieux, que celui de votre Fille ! Heureus l'Epous, qu'elle doit avoir un-jour, s'il sait apprecier son merite ! —Une Idiote! —Elle n'est que naïve; & sa naïveté vient d'un fond de droiture; elle n'a pas encore conçu qu'on pût mentir : Respectez la pureté de son âme; c'est de toutes les Creatures vivantes la plûs faite à l'image de Dieu; car elle est vraie comme lui-même. Loin d'être une Idiote, elle est très-spirituelle; elle est en outre bonne, compâtissante, fille pieuse, attachée, elle vous adore tous-deux. —Il est vrai (dirent les Parens attendris), qu'à la moindre caresse, elle est dans une ivresse de joie. —Mes chers Amis, conservez-la dans son innocence; mais protegez-la ! que sa Mère la couvre des aîles de sa tendresse, & son Père de celles de sa prudence ! Laissez-lui croire longtemps, que tout le monde est vrai & bon; tant qu'elle le croira, elle sera bonne elle-même : mais il faut qu'elle le croye assés longtemps, pour que fa bonté naturelle foit devenue une habitude raisonnable ; parcequ'alors rien ne pourra la lui faire-perdre. Ne la mariez, que lorfque l'âge de l'éclairer fans danger fera venu ; car il faudra l'éclairer avant de la marier ; il ferait chimerique d'efperer, qu'un Mari, quel qu'il foit, aura les mêmes attentions que vous : mais vous aurez un avantage en l'éclairant : Je crains pour elle l'amour ; les lumières neceffaires que vous lui donnerez-à-propos, ferviront à balancer, à moderer les effets de cette paffion, qui la perdrait furement, avec fon caractère, à-moins que fon Amant ne fût un Ange. Hâ ! fi elle trouvait jamais un Epoux digne d'elle, il ne faudrait pas l'éclairer : alors quelle heureuse vie ! quelle Femme divine ! Dans la vieilleffe même, quelle Mère-de-famille paîtrie de bonté, comme j'en ai vues dans les provinces écartées, où l'innocence des premiers âges fe conferve encore ! Ces Femmes paraiffent les chéf-d'œuvres de la nature ; c'eft la bonté perfonnifiée ; tout le monde a recours à elles ; on eft fûr de les intereffer, en leur ouvrant un cœur affligé : c'eft l'image la plus parfaite que j'aye-vue d'un Dieu, dont tous les Hommes font les enfans. J'ose le dire, vous devez refpecter dans votre Fille, cette Image morale de la Divinité ; confervez-là precieusement, & ne l'éclairez fur le mal, que lorfqu'il le faudra.   C'eft une Jeune *Eve* dans le paradis-terreftre, n'ayant point encore la fcience du bien & du mal :   Hâ! que ne vit-elle dans un fiècle & dans un pays, où elle pût fans danger ne l'acquerir jamais-!

Ce fage difcours confola les Parens de Julie : raffurés fur leurs craintes, ils fe livrè-rent à toute leur tendreffe pour leur aima-ble Enfant.   Le caractère de Julie eft de ceux que la tendreffe ne peut gâter, par une fuite de fa rectitude naturelle : au-contraire, plûs on aime un Etre auffi heu-reusement conftitué, plus il f'attache à fes devoirs, & mieux il les remplit.   C'eft pour ces Caractères feuls, que l'éducation mal imitée de J.-J.-R, aujourdhui fi fort en vogue, eft reellement avantageuse (*).

Lorfque Julie fut abandonnée à fa propre innocence, & que fes Parens ne furent plus affligés d'une naïveté, ils en entendirent quelquefois de très-rejouiffantes.   Un-jour qu'elle était avec fes trois Cousines *Gomtier*, dont l'Aînée avait quinze-ans, la Seconde environ douze, & la Troisième neuf, il arriva que la Première, qui était deja grave & raisonnable, à l'imitation de fa Maman, fut obligée de faire une petite

---

(*) Parens pusillanimes, vos Enfans reffem-blent-ils à Julie-Lebon ? Gâtez-les : Sinon, cor-rigez-les fevèrement !

reprimande à fa plûs jeune Sœur. Celle-
ci f'excusait. —Je t'affure, ma Sœur
(reprit l'Aînée), que tu te trompes toi-
même, car tu ne voudrais-pas mentir,
& que ton intention a été de mortifier Ju-
lie-? La Petite continuait à fe defendre.
—Hâ! f'écria l'Aînée, fi nous avions ici
l'Oiseau de мad. *Lavallée!* —Pourquoi
donc faire, ma Cousine? (f'écria Julie)
—Hâ-hâ! nous faurions la verité. —Par
un Oiseau? —Oui, par un Oiseau: c'eft
une Tourterelle. —Hô-oui! ma Cousine; c'eft un charmant Oiseau qu'une
Tourterelle! —Celle-là furtout. —Mondieu que je voudrais la voir! —Oui, toi;
mais ma Sœur ne f'en - foucierait - pas.
—O mondieu fi, ma Sœur! & je voudrais que votre Tourterelle fut-là. --Tiens,
je vois que j'ai raison; fi tu n'étais pas
coupable, tu n'aurais pas dit, *Je vou-*
drais que votre Tourterelle fût-là ; mais
Hô! fi elle était donc-là, cette chère
petite Tourterelle! comme l'autre jour.
—Mais, ma Cousine, dit curieusement
Julie, que ferait donc la Tourterelle?
—Le voici, ma chère Cousine: Toutes
les fois qu'on fait mal, elle pleure. —Elle
pleure! —Oui, elle pleure; & l'on eft
fûr qu'on a mal fait. —Hô! fi j'en avais
donc une pareille? —Pourquoi? tu es fi
bonne? —O ma Cousine! j'ai mes de-

fauts, & je l'ai vu quelquefois dans les yeux de Maman, fans favoir quoi. Il ferait bien-agreable d'avoir un Oiseau, qui vous fervît de règle; on f'étudierait bien, dès qu'on le verrait pleurer, pour ne le plus faire, & l'on ferait bonne, bonne, jufqu'à ce qu'on le fît rire-. La Raisonnable Gontier éclata de rire, au propos naïf de fa Cousine, & courut le rendre tout-frais à fa Tante.   Mad Lebon vint embraffer Julie :   —Je ferai ta Tourterelle, fi tu veux, ma Fille : regarde bien mes yeux, quand tu feras quelque chose, & fi leur langage n'eft pas affés clair, fais-moi par-ler, je te repondrai jufte. —Hâ ! ma bonne Maman ! j'aimerais bien auffi avoir la Tourterelle ! afin de ne jamais exposer vos yeux à pleurer , & votre bouche à me reprimander ; car ça vous fait du mal, & à moi bien de la peine- !

Une autre-fois, elle fe promenait dans le jardin, regardant le Jardinier & fa Femme, qui arrosaient.   Avec fon ton naïf-enfantin, elle leur demanda, Pourquoi ils verfaient tant d'eau fur les couches, au-piéd des laitues, &c? —Ma'm'selle, quand vou' avez foif, n'buvez-vous pas ? —Il eft vrai, Jerome! —Heben, mes herbes ont foif, & je llieû' donne à boire. —A quoi voyez vous ça? -A leûs feuilles, qui ont l'air fanées: Voyez à ç't'heure comme

a'

à' r'verdiſſons! —C'eſt bon, dit Julie, j'aurai bien ſoin de donner à boire à mes fleurs: hô! je vous repons que je ne les laiſſerai-pas avoir ſoif-. Elle avait un petit carré, garni de fleurs les plus agreables de la ſaiſon; elle courut les arroſer. En re-venant auprès du Jardinier, elle entendit, qu'il diſait. —Femme, j'ai-ſoif; arroſe moi l'goſier-. Sa Femme lui verſa un grand verre de vin, qu'il avala. —J'ſens qu'ça me ravigote: Ça vaut mieux que d'lieau; mais c'eſt qu'c'eſt pus cher. —Je-rôme (dit Julie), ſi l'on arroſait avec du vin, les plantes ſeraient-elles plus belles? —Hâ! je l'crais (dit Jerôme en riant), pourvu qu'i' paſſît pa' l'cou du Jardinier... Et meilleur i' ſ'ra, mieux à vienront-. C'en fut aſſés pour que Julie demandât tous les jours une bouteille-de-vin qu'elle portait enſuite en cachette à Jerôme, en le priant de la paſſer par ſon cou. Il la lui rendait remplie de l'eau de la cîterne, ex-poſée au Soleil, & très favorable à ſes plantes: —Verſez à-preſent cette liqueur ſur vos œillets, & vous verrez, mademoi-ſelle-! Quelques jours aprés, M. Lebon mit dans le carré de ſa Fille, qui aimait paſ-ſionnement les fleurs, & qui avait tous les goûts innocens fort vifs, une plante rare, qu'il lui recommanda. Julie demanda du meilleur vin: on lui en donna, croyant

que la Personne qu'elle soulageait était
malade : mais on la suivit enfin, & on la vit
donner la bouteille à Jérôme, qui l'avala,
en trois gorgées.   Mad. Lebon aborda
sa Fille, & lui demanda, Pourquoi elle
donnait du vin à Jerôme, qui se portait
bien, & qui avait sa ration.   Julie repondit : —C'est afin qu'il le passe par son cou,
pour faire du bien à mes fleurs. —Et pourquoi en as-tu demandé du meilleur aujourdhui ? —C'est à cause de cette nouvelle
plante rare-. La Mère sut alors adroitement
comment tout était arrivé ; elle fit une
petite reprimande à Jerôme, comme étant
gourmand, & ne dit rien à sa Fille ; sinon :
—Apprens, mon Enfant, qu'il ne faut aux
fleurs que de l'eau-.   Elle n'insista pas
davantage, & defendit à la Femme de
Jerôme de rien expliquer.

Les naïvetés ordinaires, qui échap-
paient tous les jours à Julie sont infinies :
Si on lui racontait l'apologue de la Poule
aux œufs d'or, elle la croyait une verité.
Si elle lisait les fables de *Lafontaine*, elle
croyait que reellement la *Cigale*, la *Four-
mi*, le *Renard*, & le *Corbeau*, avaient
parlé, comme elle le lisait, & elle disait
souvent à sa Mère. —Hâ ! Maman ! du
temps que les Bêtes parlaient, si l'on avait
fait telle & telle chose, elles auraient-bien
su en dire leur sentiment-!

Si Julie croyait les choses impossibles, à plûs-forte-raison les vraisemblables obtenaient une entière credulité : on pouvait louer devant elle jusqu'à l'hyperbole, elle admettait tout, & n'en rabattait rien : mais si l'on medisait, si l'on calomniait, chose inconcevable! cette Fille si credule devenait impersuasible; jamais elle ne pouvait se mettre dans l'esprit qu'il y eût des Etres capables des vices qu'on leur attribuait. Elle parvint à l'âge de seize-ans, avec ces dispositions, sans qu'il en resultât pour elle aucun inconvenient, par la grande attention qu'eurent ses Parens à la preserver des sociétés dangereuses.

A dix-sept ans moins quelques mois, Julie fit une conquête : c'est-à-dire, qu'un Jeunehomme, dont l'état & la fortune convenaient, desira d'en faire son épouse. Ce fut chés Mad. Gomtier que le jeune *Lafeuillade* vit Julie pour la premiere-fois. Il fut enchanté de son ton naïf, un-peu traînant, qui exprimait la douceur & l'innocence. Il faut observer que ce ton deplaisait à beaucoup de Personnes de la société de Mad. Gomtier; ce qui fit, que cette Dame, en l'entendant louer par M. Lafeuillade la premiere-fois, crut qu'il plaisantait, & elle lui repondit fort sechement: Mais lorsqu'elle s'aperçut qu'il parlait d'après ce qu'il sentait, elle passa du me-

contentement à la furprise, & elle fa
temoigna. —Ce ton eft enchanteur! (repondit Lafeuillade): c'eft celui que j'ai
toujours desiré dans les Femmes: Il fiéd
furtout infiniment à m.lle Julie, parcequ'il câdre avec fa figure, fa conduite &
fes fentimens; elle eft toute bonne, à ce
qu'il m'a paru, fans ê're fote.   Je la
cherchais, je l'ai trouvée; je ne la per-
drai plus de vue, fi je puis, & je tâcherai
d'obtenir fa main: c'eft 'a Compagne qu'il
me faut-. Il engaja mad. Gomtier à preffen-
tir les Parens de Julie, & fi elle le croyait
à propos, de parler pour lui.

Quelques jours après, le Jeunehomme
eut occasion de voir m. Lebon, pour
une affaire, qui f'arrangea très-prompte-
ment, par la complaisance du Jeune-
homme. Le Père de Julie temoigna
beaucoup d'eftime au jeune Lafeuillade,
& ce Dernier encouragé par-là, osa lui parler, fans Intermediaire, de fes nouveaux
fentimens pour Julie: mad. Lebon était
présente. —Monfieur (lui repondit-elle),
ce que vous regardez aujourdhui comme
une qualité dans ma Fille, vous ennuiera
peutêtre à la longue, & fera precisement
ce qui vous éloignera d'elle un-jour: Prenez du temps, pour vous bien affurer que
fon caractère & fon genre d'efprit font ce
qu vous plaît davantage: Si vous chan-

gez avant le mariage, nous ne vous en-
voudrons pas : Tout ce que nous exigeons
de vous, c'eſt que l'eſſai n'expose pas une
Fille qui nous eſt ſi chère, à un attachement
qui pourrait la rendre malheureuſe ; vous
ne lui en temoignerez aucun ; vous l'obſer-
verez avec une indifferenſe abſolue ; vous
ne chercherez jamais à lui parler en particulier, ſans quoi, dès la première tentative, l'eſſai n'aura plus lieu. Le Jeunehomme accepta la condition, & il vint tous les jours
ſe-mettre à-portée de voir Julie, ſoit chés
ſes Parens, ſoit chés Mad. Gomtier.

Après ſix mois d'examen, il pria Mad.
Lebon de lui accorder une matinée, pour
lui rendre compte de ſes obſervations. La
Mère de Julie fixa le jour, & M. Lafeuillade, bien-preparé, arriva, un Memoire
à la main. —Qu'eſt-ce que ce papier ?
(lui dit Mad Lebon). —Ce ſont mes
obſervations, Madame : je les ai-écrites
jour par jour, depuis que vous m'avez-
permis d'obſerver votre aimable Fille.
—Vous alez me les lire ? —Oui, Madame :
Je l'ai-vue, depuis ſix-mois deux-fois par
ſemaine, une-fois dans votre maison,
ſous vos yeux, & une autre chés Mad.
Gomtier, femme infiniment reſpectable,
qui eſt une ſeconde vous-même, pour m.lle
votre Fille : C'eſt huit fois par mois :
c'eſt quarante huit fois en-ſix mois : Et

voici mes observations avec exactitude.

» 1. *Chés Mad. Gomtier* Mlle Julie a été fort serieuse, quoique contente; elle n'a presque rien-dit : Elle était occupée d'un ouvrage de broderie, auquel elle m'a paru donner toute son attention.

» 2. *Chés Mad. sa Mère.* Mlle Julie a-paru fort gaie : On a-parlé devant-elle du crime horrible de *D-R.* qui fait l'entretien de tout Paris: Elle est devenue serieuse, & elle a dit : —Heureusement cela ne saurait être à-present: vous tirez cela de quelqu'ancienne histoire-? J'ai beaucoup medité sur ce mot.

» 3. *Chés Mad. Gomtier.* Mlle Julie a-paru triste. On lui en a demandé la raison: Elle a repondu, en montrant une Estampe des *Metamorphoses d'Ovide* : —Il est des Etres bien malheureus ! Cette pauvre *Thisbé*! Mais aussi pourquoi laissait-elle tomber son voile? Et pourquoi son Amant se tua-t-il si-vîte !

» 4. *Chés Mad sa Mère.* On lut un-jour deux traits qui l'affectèrent beaucoup ! Je vais les rapporter. Le premier est celui de cette Fille de Saxe, qui calomnia une autre Fille deguisée en-garson, & qu'elle avait aimée comme tel : Le second était l'Histoire d'une *Fille peureuse :* (cette dernière Lecture avait pour but de preserver la Jeunesse de l'effet des Contes stupides).

II Lecture : 1 Trait : *La Fille de Saxe.*

» En Saxe, on punit la feduction d'une manière terrible. Celui qui en eft declaré coupable, eft condamné à mort, f'il ne repare fon crime, en époufant la Perfonne qu'il a feduite. Cette jurifprudence fevère a été longtemps fuivie parmi nous; elle exifte encore dans toute fa rigueur, lorfque la feduction offre des caractères de violence, ou qu'elle a été exercée par des Hommes qui ont abufé des liens les plus refpectables de la fociété, tels qu'un Tuteur qui a feduit fa Pupile, un Domeftique la Fille de fon Maître, un Confeffeur fa Penitente, &c.... Mais la declaration feule de la Perfonne feduite ne fuffit pas pour conduire le Coupable à l'échafaud; il faut que la verité de cette declaration foit ateftée par d'autres preuves. Rien, en effet, ne ferait plus dangereux que d'admettre la declaration d'une Fille, &, furtout, d'en faire la base d'une condamnation capitale. Cependant il paraît qu'on fuit encore cet ancien ufage en Saxe, comme l'exemple fuivant femble l'annoncer.

» Il y a quelque-temps, qu'un Jeunehomme, d'une charmante figure, vint fe fixer dans une petite Ville de Saxe. Sa naiffance était inconnue; mais tout parlait en fa faveur. Son éducation foignée & les agremens de fa perfonne le firent admettre dans toutes les fociétés. Bientôt les Femmes le diftinguèrent, & l'on affure qu'il infpira plus d'une paffion. La Fille d'un Bourgeois, nommée *Catherine*, voulut, furtout, l'attacher à fon char par les prevenances les plus marquées. Praw (c'était ainfi que f'appelait le Jeunehomme) parut fenfible aux avances de Catherine. Cette Fille, fans pudeur, conçut alors le projet d'en faire fon Epoux, & de lui apporter en dot un Enfant qu'elle portait dans fon fein, & dont Un-autre que Praw était le père. Praw ne voyant, dans fa liaifon avec Catherine, qu'une de ces intrigues ordinaires dans la fociété, était loin de prevoir les dangers auxquels il f'exposait!

»En effet, Catherine lui declara formellement qu'elle voulait être fa femme ; que f'il n'acceptait pas le don de fa main, elle dirait qu'elle était enceinte, & le denoncerait à la juftice, tant comme l'auteur de fa groffeffe, que comme coupable du crime de feduction.

»Praw, indigné d'un pareil aveu, traita Catherine comme une vile Proftituée, & lui dit, qu'elle pouvait employer contre lui toutes les reffources de la calomnie & de la malignité; qu'il trouverait les moyens d'éclairer les Magiftrats, & de la faire punir de fon audace.

» Catherine, irritée d'avoir été traitée avec autant de mepris par un Homme qu'elle adorait, resolut de tirer la vengeance la plus cruelle de l'affront fanglant qu'elle avait éprouvé. Elle courut auffitôt chés le Magiftrat, & lui declara qu'un Jeune-étranger, nommé Praw, *l'avait feduite fous promeffe de l'épouser, & qu'elle était enceinte de fes œuvres.*

» Le Magiftrat donne auffitôt ordre d'arrêter l'infortuné Praw, & de le conduire en prison. On inftruit fon procès. Interrogé, f'il eft l'auteur de la groffeffe de Catherine ? il repond, Qu'il n'a jamais eu aucun commerce criminel avec cette Fille. On le confronte avec Catherine. Lorfqu'il l'entend affurer, fous la religion du ferment, qu'il eft le Père de l'Enfant dont elle eft enceinte, il lève les yeux au ciel, & le prend à temoin de la fauffeté de l'accufation de cette Fille impudente : Mais fes proteftations & fes fermens n'empêchent pas que les Magiftrats ne donnent la preference à la declaration de Catherine. Ils croient y voir la verité, &, fur cette base fragile, ils font decidés à prononcer un jugement terrible. Mais auparavant, ils donnent encore quelques jours au malheureux Praw, pour choi-

sir entre la main de Catherine & la mort.
Le delai expiré, l'Accusé eſt conduit devant ſes Juges , pour qu'il donne ſa
reponſe. Praw leur declare qu'il aimerait
mieux mourir mille-fois & perir dans les
tourmens les plus affreux, que d'épouser
une Femme auſſi meprisable que Catherine.
Sur cette reponſe les Magiſtrats condam-
nèrent Praw à avoir la téte tranchée, ſ'il
perſiſtait dans ſon refus d'épouser la Fille
qu'il avait ſeduite.

»La veille du jour où ce jugement terrible devait être executé, le Jeunehomme
fit prier un des Magiſtrats de deſcendre
dans ſon cachot, pour recevoir une declaration importante qui devait épargner
une meprise ſanglante à la Juſtice. Ce
Magiſtrat ſe rendit auſſitôt à la priſon, où
Praw lui adreſſa ce diſcours, qui devrait
être ſous les yeux de tous les Juges, char-
gés de prononcer ſur la vie des Hommes:
»——Vous m'envoyez à la mort, &
»votre conſcience ne vous fait aucun re-
»proche ! Apprenez cependant à vous
»defier des preuves qui vous ſont offertes!
»Celui que vous avez condamné, comme
»l'auteur de la groſſeſſe d'une Fille ſans
»pudeur, eſt lui-même une fille. Ap-
»pelez vos Medecins & vos Chirurgiens,
»ils vous ateſteront mon ſexe, & je ne
»vous demande d'autre reparation de l'in-

» digne procedure qu'on a exercée contre
» moi, que la vengeance de rendre mon
» Accusatrice temoin de la visite des Gens-
» de-l'art ».

» Le Magiſtrat, étonné, manda ſur-le-
champ un Medecin & un Chirurgien,
& donna ordre qu'on alât chercher Catherine. Celle-ci ſ'empreſſa d'arriver, croyant
que Praw voulait reparer ſon honneur en
l'épousant. Mais quelle fut ſa ſurprise, lorſque le Magiſtrat lui declara que Praw pretendait être fille, & que des Gens-de-l'art
alaient le visiter en ſa presence.

» Il ne fut pas difficile au Medecin & au
Chirurgien de prouver l'innocence du
malheureux Praw, puiſque reellement
Catherine & Praw étaient du même ſexe.
Cette decouverte fut un coup-de-foudre
pour l'impudente Accusatrice : Le Ciel
punit ſa calomnie ; car, dès le même
jour, elle fit une fauſſe-couche, & mourut le lendemain.

» Nous ignorons la date precise de cette
ſcène-tragique : ce qu'il y a de certain,
c'eſt qu'elle eſt recente, & que la verité
des details que nous avons rapportés, eſt
atteſtée par plusieurs papiers publics ».

Je me ſuis-enflamé : J'ai dit, Que ſi
l'Accusatrice était infiniment coupable,
la Deguisée n'était pas innocente, & que je

lui aurais infligé une punition sevère, pour avoir-été la première cause d'un si grand malheur. Julie m'a - regardé : tout le monde a-été contre moi : J'ai demandé l'avis de Julie : —Je pensais comme vous avant que vous eussiez-parlé, (m'a-t-elle repondu.) On lut ensuite l'autre historiette, dont le but d'utilité est frappant.

11 Trait : *La Fille-peureuse.*

»Rien n'est si dangereus que d'effrayer les Enfans ! c'est non seulement une chose mauvaise, une imprudence, mais quelquefois un crime, puisqu'on peut causer un mal qui dure toute la vie, ou dumoins qui en empoisonne la plûs belle portion ; & qu'on a vu même des terreurs subites donner l'affreuse épilepsie ! C'est pour affaiblir l'effet de ces épouvantails, que je vais en divulguer quelques-uns des plus ridicules.

»Une Vieille - femme très mechante & très-sote, se plaisait à faire des Contes effrayans aux Jeunes-filles, qui se rassemblaient chaque soir dans une maison de la rue du *Cimetière Saint - Nicolas - deschamps*. Ces contes n'avaient pas le moindre degré de vraisemblance, & cependant ils fesaient-fremir même les Personnes instruites, que leur raison mettait audessus de ces puerilités. Quelques-unes des Jeunes filles les plus disposées à

être peureuses, f'étaient promis de n'y-
plus revenir; mais elles n'en étaient pas
les maîtresses, & la curiosité l'emportait.
Voici un de ces Contes, qui penfa causer
un accident terrible à la Plus-effrayée des
Jolies-veilleuses qui l'avaient entendu :

ɪ Conte : *La Chandelle-d'Iroire.*

»Une nuit, la Fille de la bonne Anne-
Marguerite, d'*Anci-le-franc*, mariée à *Iroire*, f'était couchée feule, parceque fon Mari
était en campagne. Vers le minuit, elle f'é-
veille, & voit de la lumière : —Hâ dit-elle,
je n'ai pas éteint la lampe-! Elle ouvre fes
rideaux, defcend du lit, & va pour la fou-
fler. Au lieu de la lampe, c'était le refte
du cierge avec quoi elle avait rendu le
pain-beni, qui brûlait : —Mondieu! dit-
elle, à quoi penfais-je, d'alumer le cierge
beni ! c'eft par diftraction-! Elle éteignit
la lumière, fe coucha, & fe rendormit.
Une heure après, elle fentit fur fon visage
une main froide, qui la reveilla. Elle
fremit, & paffa la tête hors de fes rideaux :
elle revit encore le cierge alumé, & fous
la cheminée, comme un cercueil recouvert
du drap mortuaire. Elle eut peur, & fit
le figne-de-la-croix, en disant, —Mondieu!
ayez pitié de moi, & de mes pauvres Parens decedés-! Elle n'osa fe-lever, & elle
fe tint tremblante dans fon lit, tant qu'elle

se rendormit un-peu.   Alors elle sentit qu'on lui donnait un soufflet.   Elle sauta du lit effrayée, se-jeta vîte à genoux, & se-mit à se recommander à Dieu, en disant ——Mondieu! mondieu! s'il est arrivé quelque malheur dans ma Famille, ayez pitié de l'âme de mon Père, de ma Mère.... Au mot de ma Mère, la lumière s'éteignit, & la Fille entendit un profond soupir. ——O mondieu! (s'écria la Fille), ma pauvre Mère serait-elle à l'agonie-! Et elle se mit à reciter le *De profundis.* A chaque verset, elle entendait soupirer, mais moins fort au dernier verset, qu'elle entendit, —— *Grand - merci, ma pauvre Enfant-!* Elle continua les sept pseaumes de la penitence, pendant lesquels elle entendit toujours soupirer, si ce n'est au dernier verset, que Cela dit tout-bas : ——*Mondieu! me voila bien soulagée-!*   La Fille un-peu remise, & voyant le jour, se leva & se depêcha de s'habiller : Elle courut à Anci-le-franc, où elle apprit que sa pauvre bonne Mère était morte à minuit.   Elle se mit à se lamenter, & se recrier, en disant : ——O ma pauvre Mère! vous m'êtes venue dire adieu! dire adieu à votre pauvre *Jacqueline*, qui vous aimait tant! mais qui vous avait fâchée, sans le vouloir! Ma pauvre Mère, que je vous voye encore-! Et elle defit le linceuil, vers la tête, pour revoir fa Mère, qui avait fept taches blanches fur le visage. Celle qui l'avait enfevelie, & qui voyait ça, dit à la Bonne-fille : —O ma pauvre Jacqueline ! qu'eft-ce que je vois-là ! ces fept taches blanches, quand j'ai enfeveli votre pauvre Mère, étaient noi·res comme de l'encre, & les voila blanches comme de la neige-! La Bonne-fille penfa au fept pfeaumes ; elle les recita encore, & les fept taches difparurent tout-à-fait : ce qui lui fit bien voir, que les fept taches étaient les fept pechés mortels, un-peu blanchis par la prière, qui peut les effacer ».

Quand la jeune *Babet*, eut entendu ce Conte, on f'aperçut qu'elle était toute en fueur, & prête à fe trouver-mal. Ses Compagnes la raffurèrent, en lui disant que cela ne devait pas l'effrayer, puifque c'était une pauvre Mère, qui demandait des prières à fa Fille. Mais l'imagination de Babet était bleffée, à cause du ton de verité qu'avait fu prendre la Raconteuse. Celle-ci, qui était mechante, triomphait interieurement. Elle declara qu'elle ne voulait plus conter d'hiftoires, puifque cela produisait un mauvais effet. C'était pour fe faire-preffer. On la preffa effectivement, & après avoir refifté longtemps, fous pretexte que le Conte était effrayant, elle ceda enfin, & commença en ces termes :

2 Conte : *Le Mauvais-Riche.*

»Il y-avait à *Lile-fous-Moreal*, terre appartenante à la maison de *Naffau*, un Homme bien-riche & bien-dur : Il prêtait à usure, & ruinait toujours Ceux qui avaient eu le malheur de lui emprunter. Sa plûs vilaine action fut envers une pauvre Veuve, qui lui emprunta une fomme de fix-cents livres pour deux ans : Comme elle ne favait pas-écrire, il fit mettre fix-mille livres, aulieu fix-cents. Si-bien, que le terme étant échu, la Veuve, qui avait fes petites refources, lui porta les fix-cents livres, & foixante-livres, au denier-dix, comme il avait prêté, pour les deux années d'interêt : —Voila un bien petit acompte ! (lui dit-il) : mais je m'en -.contenterai-. La Veuve lui fit obferver, que c'était tout. Il f'emporta, & la chaffa, en lui donnant tous les noms qu'on donne aux Malhonnêtes gens. Elle f'en revint defefperée.

»Dans la même nuit, le mechant Homme eut une attaque d'apoplexie, dit-on : Or dans la verité, ce fut le Diable qui lui tordit le cou. Dès qu'il fut mort, toutes les cloches fonnèrent : deux Prêtres vinrent paffer toute la journée auprès du corps ; on recita des prières. La nuit, il fut veillé par de bons Religieux. Mais voila que vers le minuit, on entendit un grand bruit fur le ciel du lit, comme des Gens qui trepignaient & fe bataient. Les bons Moines virent bien qu'il y avait là quelque chose d'extraordinaire, & ils redoublèrent leurs prières pour le Defunt. La nuit fe paffa dans le trouble. Le matin, on expofa le corps devant la porte. Il y était à-peine, qu'on vit un gros Chien noir venir fe cacher fous le poile, & montrer les dents, quand on voulait le chaffer: il avait les yeux étincelans comme des chandelles. Les Prêtres arrivèrent enfin, avec le Curé de la Paroiffe, en étole & en furplis. Au premier jet d'eau-benite, le gros Chien fe mit à heurler: ce qui effraya le Clergé. Mais le Pafteur, venerable vieillard, ayant pris le goupillon, il en toucha le gros Chien, qui f'enfuit, en jetant des flames & de la fumée par la gueule. On porta le corps à l'église, où était la fepulture du Richard, & après le fervice & l'office des Morts, on le defcendit dans fon caveau. Mais comme le Pafteur approchait pour lui jeter la dernière eau-benite, il f'aperçut, que le cercueil fe-dreffait. Les Porteurs f'enfuirent effrayés. Le bon Curé cria au Mort: ―Que demandez-vous ? ――Je fuis jugé (repondit une voix lamentable) ――Puiffe être en bien- ! (reprit le Pafteur). Et il dit qu'on mit la pierre.

»Le lendemain, en arrivant à l'église, le Sonneur trouva la pierre ôtée. Il s'en fut avertir le Curé, qui vint, avec l'étole & l'eau-benite. –Que voulez-vous? (dit-il au Mort). --Je suis jugé, & condamné. —O mon Dieu! (s'écria le Pasteur), que ce ne soit pas au feu éternel-! Et il fit remettre la pierre. Le surlendemain, on la trouva encore soulevée. Le Pasteur revint faire la même demande. —Je suis jugé... & condamné ... au feu de l'enfer (dit le Mort): ne priez plus Dieu pour moi; vos prières augmentent mon supplice-. On ne pria donc plus pour le Richard, & l'on jeta son corps hors de l'église. Deux gros Chiens noirs l'emportèrent aussitôt, & on ne le revit plus ».

Cette effrayante histoire causa un frissonnement universel. La Jeune fille peureuse surtout, regardait autour d'elle d'un œil égaré. Dans ce moment, un Chat qui s'était-glissé sous sa chaise, vint à remuer; elle tomba évanouie, & l'on eut toutes les peines du monde à la faire-revenir. Cependant on y reüssit; mais sa raison demeura comme égarée.

»Il y avait longtemps qu'elle était dans ce triste état, lorsqu'elle fit la connaissance d'un Philosophe, aimable autant qu'éclairé. Ce Jeune homme fut touché de sa situation, & quoiqu'elle fut un-peu rebutante, ce-

pendant la jolie Babet l'intereſſa doublement; la pitié ouvrit ſon cœur à l'amour.
Il vit la cauſe de ſon indiſpoſition, dans
une extrême ſenſibilité. D'après cette
idée, il ſ'attacha, lui fit ſa cour, gâgna ſa
confiance, & devint ſon grand *Raſſureur:*
elle ne craignait plus rien, dès qu'il était
auprès d'elle. Les Parens de la Jeune-
perſonne furent charmés de ce changement! Babet était raiſonnable tant que M.
Morel était preſent: mais ils craignirent
un autre danger, celui d'une paſſion malheureuse. Le Jeunehomme les raſſura,
en demandant Babet en mariage. Sa pro-
poſition était auſſi avantageuse qu'honorable; on l'accepta. Après quelques é-
preuves de la ſolidité de ſa resolution, les
deux Amans furent unis. Jamais peut-
être il ne fut de ſpectacle plûs-agreable,
que celui de cette union! Babet, pendant
plus de trois-à-quatre ans, ne pouvait
quitter ſon Mari: tout l'effrayait; il lui
falait, pour la raſſurer, cet Epoux cheri,
qui l'adorait. Elle ne ſ'occupait que de
lui. S'il ſortait un inſtant d'une Aſſemblée
où ils étaient enſemble, à ſon retour, elle
ſe precipitait dans ſes bras: —Defens-
moi! defens-moi des Mechans! (lui diſait-
elle), ô mon unique Ami-! Je ne vois
que toi dans le monde dont je ſois ſûre-...
Sa raiſon revint entièrement au troiſième

Enfant; & fi M. Morel ne l'avait-pas-aimée pour elle-même, il aurait eu lieu d'en être-faché: Plûs-raisonnable, elle n'a plus pour lui qu'un attachement ordinaire, au lieu de ce devoûment, de ce recours flateur, de cet abandon total, de cette preference abfolue, qui le rendait le plus heureus des Epoux, parcequ'il était le plus tendre des Amans ».

5. *Chés Mad. Gomtier.* On a-été à la promenade : J'ai donné la main à Mad. Gomtier; M.lle Julie & Hortenfe Gomtier alaient enfemble, & devant elles M.lles Rose & Adèle Gomtier. Un pauvre Honteux a-pafsé; il nous a-dit quelques mots fort touchans fur fa fituation, & nous lui avons donné. Julie nous regardait du coin de l'œil. Elle eft venue auprès de Mad. Gomtier : —Ce pauvre Monfieur! je fuis enverité peinée!.... A-t-il une Fille? demandez-lui, f'il a une Fille, Madame-? Mad. Gomtier l'a demandé: Il a repondu, qu'il en avait trois. —Hâ! Monfieur, envoyez-les moi demain, je vous en prie-! L'Homme les a envoyées en effet, & depuis ce moment, il n'en-a plus été chargé; M.lle Julie a-obtenu que tout ce que fes Parens lui donnaient pour fon amusement, fervît à payer leur penfion; Ils ont fuppleé au refte;

۵6. *Chés Mad. ſa Mère.* Nous avons été au ſpectacle : on donnait *la Gouvernante :* M.ᴵˡᵉ Julie a eu la larme à l'œil pendant preſque toute la pièce, à laquelle elle prenait un plaiſir ſi-vif, qu'elle donnaient appetit d'en avoir : Dans le moment où *la Gouvernante* dit à *Angelique :*

Il m'a dans votre cœur en ſecret deſſervie ?

Julie lui criait à-demi-voix : —C'eſt votre Mère ! Elle nous l'a dit à Nous-autres : N'alez-pas lui desobeir !

(*Il y avait beaucoup de repetitions dans le reſte du journal*).

48. *Chés Mad. Gomtier.* On lut un-jour ſur les Femmes qui veulent faire les ſavantes, une *Fable* très-épigrammatique :

La Perruche & le Perroquet : Fable.

Une Perruche était, au bec rond & vermeil,
Au plumage d'azur, à la tâille mignone,
  Qui ne voyait ſous le ſoleil,
Nul Oiseau ſi brillant que ſa gente Perſonne :
  Mais c'était tout. Un Maître Perroquet,
Dont un vert plus foncé bruniſſait le plumage,
  Le bec noir, le corps moins fluct,
  Brillait peu, mais par ſon caquet
Se fesait admirer de tout le Voisinage.
La Perruche en conçut quelque ſecret depit,
Eut honte de n'avoir qu'un ſtupide ramage,
  Et du Perroquet érudit
  Eſpera qu'en ſ'ornant l'eſprit,

Il lui ferait aisé d'atteindre le langage,
　　S'orner l'efprit, c'eft en termes d'Oiseau,
Come en humaine langue, à ce que je puis croire,
Des paroles d'Autrui fe charger la memoire,
　　Pour les repeter bien & beau.
Voila donc tout le jour ma Perruche attentive
Aux verbeuses leçons que prenait le Voisin;
　　La voila qui bientôt arrive
　　Au point de redire en refrein,
　　Cinq ou fix mots bien énergiques,
Qu'en fon petit cerveau, pour leur air libertin
　　Elle croyait fcientifiques.
La Dame triomphait, quand un fi beau favoir
La fait prefqu'auffitôt honteusement dechoir.
　　Pour ces mots remplis de rudeffe,
　　Qu'elle entend autant que du grec,
Et qu'à-torts-à-travers elle place fans-ceffe,
On eft fâché de voir f'ouvrir fi joli bec. [belle
Aux yeux de Quî l'écoute elle en devient moins
Encore quelques mots, & je la garantis
Le plus mauffade Oiseau qui foit dans tout Paris.
　　J'en dis autant à Telle & Telle, [efprits
Qui, parmi nous, veut être au rang des Grands.

Mlle Gomtier l'aînée fut très-en-colère contre le Fabulifte, & traita le Lecteur d'infolent. —Je vous remercie, moi, monfieur *De-Vauviard!* lui dit Julie; car votre Fable eft d'accord avec mes fentimens-.

Mes obfervations fur mon Journal.
J'ai remarqué, que Mlle Julie, malgré

fa naïveté, ne croyait que le bien extraordinaire, & jamais le mal : ça-été pour
moi la pierre de-touche de fon âme : j'ai
reconnu par-là, madame, à quel point
elle était excellente. En-confequence,
je perfifte dans ma resolution d'employer
tous les moyens dont je fuis capable, pour
être heureux avec elle & par elle ; car
c'eft la Femme felon mon cœur, & jamais
je n'aurai d'autre Compagne de mon fort-.

Telle était la conclusion du Journal.
On attendit cependant encore fix mois,
pendant lefquels on permit aux deux
Jeunes-gens de fe-parler, fous les yeux de
mad. Lebon ou de mad. Gomtier : & lorfque l'amour le plus tendre eut dans leurs
cœurs l'eftime pour base, on les unit.

Julie devenue l'épouse d'un Jeune-homme honnête, prudent, digne en-un-mot,
de conferver fon innocence, fans lui donner une trompeuse fecurité, Julie n'a-pas-
été inftruite par fa Mère : on l'a-laiffée dans
fon heureuse erreur, que tout le monde
était bon, vrai ; elle le croit, & le croira
longtemps, malgré les occasions frequentes
qu'elle aura de fe desabuser. Mais il faut
dire auffi que fes vertueux Parens & fon
digne Mari contribuent de tout leur pouvoir à l'entretenir dans fon admirable preju-
gé. Elle eft la plus heureuse des Femmes,

ou plutôt de toutes les Creatures vivantes. Tous les jours, elle offre à Ceux qui l'entourent, la preuve, que l'exemple du vice est doublement dangereux ; mais que s'il se propage, la vertu se propagerait mieux encore, si l'on avait le bonheur de pouvoir vivre dans un pays où dominerait l'innocence. Le bonheur suprême, est dans la droiture, la candeur, la bienveuillance : Quel Dieu viendra persuader aux Hommes ces precieuses verités ! Mais que dis-je ? notre divin Legislateur est venu les précher, & Ceux que denomme aujourdhui son nom sacré, les Chretiens, semblent les ignorer !

☞ Tous les jours on entend des Puristes se recrier contre les peintures du vice : Ils ont raison : La Jeunesse devrait l'ignorer. Mais elle ne l'ignore pas, & l'Écrivain qui le fait, doit le peindre, pour en faire horreur. O Filles ! qu'il serait heureux de n'avoir à vous citer que des exemples de vertus !

Sujet de la Figure du *Quatrième Exemple.*

Elise conduisant la Compagnie pour voir jouer sa pièce, à-l'instant où l'on ouvre une porte à deux batans, qui laisse voir un theâtre dressé, & les Acteurs qui doivent jouer :

« *La Fille naturelle* ».

IV

IV Exemple:

La Fille - d'esprit.

Il est plus difficile à la Fille - d'esprit d'être heureuse, qu'à la Naïve, & même qu'à la Sote : c'est une verité que prouvera l'*Exemple* qu'on va lire :

Elise - Toutlu, avait une de ces petites figures éveillées, qui rappellent l'idée d'une Souris : Elle était toujours en mouvement, avait le coup d'œil fin, parlait vîte & juste, sans qu'on trouvât jamais qu'elle parlât trop. Elle était aimable, sans être jolie ; ses traits avaient de la finesse, du poli, & presque de la douceur : son rire était agreable, mais trop rusé ; il intimidait : Elle était suelte & délicate ; il semblait qu'elle fût beaucoup plûs esprit que matière.

A seize-ans, Elise était si-formée, si raisonnable, que sa Mère lui donna un petit appartement particulier, où elle fut libre de s'occuper comme elle voudrait : on était persuadé, qu'elle ne pouvait le faire que raisonnablement. Il est douteux que cette conduite de mad. Toutlu en-

vers fa Fille, foit un modèle à fuivre?
Une Jeune-perfonne ainfi abandonnée à
elle-même pourrait f'égarer, ou tout au-
moins f'accoutumer à une liberté trop
grande, pour fupporter enfuite la gêne
& les embarras du menage. Mais on
penfa qu'Elise ferait une heureuse exception. Par une fuite de la liberté qu'on
lui avait accordée, elle reçut du monde,
c'eft-à-dire des Perfonnes de fon fexe,
avec les Hommes qui leur appartenaient,
en qualité de Frères, ou de Maris: l'appartement d'Elise fut un petit hôtel de
Rambouillet, où l'on jugeait prose,
vers, drames, comedies, tragedies, ariet-
tes, operas, & jufqu'aux ouvrages favans,
la physique, la metaphysique : on infif-
tait furtout infiniment fur la morale; &
il faut convenir que celle d'Elise était
très-fevère. Les Membres de la Société
fesaient eux mêmes de petits ouvrages,
dont ils venaient faire lecture : on les
écoutait, on louait, ou l'on critiquait
avec politeffe: Elise avait le tact fin, &
malgré fa jeuneffe, comme elle avait
deja beaucoup lu, qu'elle favait le latin,
un peu de grec, l'italien, l'efpagnol &
l'anglais, elle comparait avec fagacité,
avec jufteffe, & fon fentiment était ref-
pecté: Elle était la presidente, & meritait
de l'être.

Parmi les Membres de ce petit Musée, il y avait deux Jeunesgens, tous-deux secrettement amoureus d'Élise : Le Plus-spirituel était le moins-jeune, le moins beau, & le plus vertueux : Élise avait-su decouvrir son merite, & elle le distinguait : mais le cœur ne suivit pas la même route : Il se donna, malgré l'esprit, au Plus-fat, au Plus-beau, & au Moins-riche : Ce Dernier usurpa même pendant quelque temps l'esprit de l'Autre. Comme il falait contribuer aux amusemens de la Société, par ses Productions, *De-Tahi*, que la composition aurait fatigué, pria M. *De-Vauviard* de faire double contingent, dont il lui cèderait la moitié. L'Homme-de-merite y consentit, par modestie ; & à la première occasion, ayant apporté la meilleure de ses pièces, intitulée, *Les Auteurs*, il la mit entre les mains de Tahi, qui se proposa de la lire comme étant de sa composition. Cette pièce hardie ne pouvait manquer de plaire à Élise : Elle sourit à l'Auteur, & prôna l'ouvrage ; elle annonça, qu'on y trouvait de la solidité, de la fine critique, & de la philosophie : Ce qui étonna de la part d'un Petit-maître. On le pria de la lire. Tahi prit un air grave, salua la Presidente, caressa l'Assemblée d'un regard, & commença emphatiquement :

III Lecture : *Les Auteurs.*

Pretendus Sages, qui vous regardez comme la lumière du monde, ô mes Confrères, qu'êtes-vous ? Des Hiſtrions, de vils Baladins, des Paillaſſes qui faites rire, des Polichinels qui faites pleurer. Qu'était *Voltaire?* Un Hiſtrion celèbre, un Baladin dans tous les genres, qui pendant ſoixantedix-ans a ri comme *Democrite*, fait rire les Sots, pleurer les Imbeciles, & enrager les Cagots, autre eſpèce de Baladins cent-fois plus vils. Qu'était *Rouſ-ſeau ?* Un Baladin toujours misanthrope, un *Heraclite* pleureur, qui ſe desolait, de - peur qu'on ne ſ'aperçût que ſon rôle lui donnait quelquefois envie de rire. Qu'eſt *Buffon?* Un Acteur qui joue dans le haut genre, & pretend nous inſtruire ; mais qui n'en proſtitue pas moins ſon eſprit à tous les Sots, qui le liſent ſans l'entendre, & le jugent ſans l'avoir compris, Oui, je ſoutiens, qu'il faut avoir perdu le ſens & toute honte, pour mettre ſon nom à un Ouvrage! Je ſoutiens, que Celui qui écrit, & qui veut inſtruire, doit ſe cacher, comme un Enfant qui fait de petites malices ; il ſait qu'en ſe montrant, elles n'auraient plus de ſel. Quoi! un Homme fait le plaisant, & il ſe montre! Auſſi effronté que le Paillaſſe de Nicolet,

il ose nous dire, —Hé! riez-donc! c'est
moi qui debite ces jolies choses-! Un
Philosophe veut instruire, & il se montre
arrogamment, à decouvert devant ses
Egaux : —Ignorans, c'est moi qui vous
instruit; qui suis votre Pedagogue-! Pauvre Homme! parmi tes Lecteurs, cent,
peutêtre mille ont les vues plus saines, plus
étendues, & se moquent de toi. Certainement, il est des Hommes plus instruits que
d'Autres ; mais la grandeur & la petitesse
de l'esprit ressemblent à la tâille, il n'est
presque pas d'Homme qui soit moitié plus
grand & moitié plus petit qu'Un-autre.
Que diriez-vous d'un Homme de six-pieds-
six-pouces, qui viendrait s'étaler au milieu
de la place publique, en vous disant,
—Citoyens, admirez-moi-! Vous lui ririez
au néz, en lui repondant, —Que nous
fait ta grandeur? Il te faut plûs d'étofe
pour t'habiller, & quand tu mourras, ta fos-
se sera de huit-ou-dix-pouces plus grande
que la mienne-: De même, quand
Voltaire fesait ses ouvrages, il vous
disait, —Citoyens, admirez combien
j'ai d'esprit! Voyez ces jolis riens! avec
quel art j'avilis une celèbre Heroïne, en
l'ennoblissant à ma manière! Voyez-moi
peindre Mahomet en caricature! Vous
fremissez! ce n'était pas-là le caractère
de ce Grand - homme; mais j'avais mes

raisons pour en faire un fourbe : tous mes écrits tendent au même but ; & voyez avec quelle adreſſe ! Ce n'eſt pas ſans deſſein, que j'ai ridiculiſé Jeanne - d'Arc d'une manière charmante, & fait de Mahomet un vil impoſteur : Changez les noms, & vous trouverez ce que j'ai voulu dire. Voyez comme j'ai embraſſé tous les gen-res ! comme j'ai tout dit ! —Bavard ! lui crieriez-vous, hé ! que nous reſtera-t-il ?.... Mais non, tu n'as pas tout dit ; & quand tu aurais tout dit, qu'eſt-ce que cela nous ferait ? Il faut t'acheter & te lire, pour le ſavoir-..........

Quand Rouſſeau, la tête exaltée, de-clamait contre les ſciences, les arts, & la civiliſation, il ſemblait vous dire : —Citoyens, redevenez ſauvages, & ren-trez dans les forêts ! Admirez mon élo-quence, capable de vous le perſuader ! —Charlatan ! euſſiez-vous repondu, que veux-tu que nous admirions ! que tu dois tout, à ce que tu deprimes ! que ſans les arts, les ſciences & la civiliſation, tu ferais un triſte Sauvage, aſſis à l'entrée de ta cabane, rêvant la vengeance, & ayant ſoif de ſang-.

Buffon paraît, & par ſes ouvrages, il vous dit : —Citoyens, j'ai ſcruté la na-ture ; j'ai fait l'hiſtoire de ſes productions ; j'ai deviné notre origine, & prevu notre fin : Qu'en dites-vous-? Un Grimaud, bien-inferieur à Buffon faisit la replique : —Nous te remercions de tes peines : nous fommes charmés de voir ce que tu nous dit des Animaux, que nous ne connaiffions pas ; de la manière dont tu ennoblis ceux que nous connaiffons : fi nous étions *Chevaux*, *Anes*, *Bœufs*, *Beliers*, *Chameaux*, *Elefans*, &c.ᵃ, & que nous euffions notre raison actuelle, nous te drefferions des autels : Mais nous fommes des Hommes ; ton *Opoffum* & ton *Carigua* nous importent peu : ta *Giraffe* même & ton *Autruche* ne font que de faibles objets de curiosité : nous preferons un Conte de *Marmontel*, qui peint naïvement le cœur humain, à toute ton hiftoire-naturelle. Quant à tes decouvertes pretendues, de notre origine, à ta prevision de notre fin, c'eft autre chose ; cela nous intereffe : nous te lisons avidement, & quand nous avons fini, nous raisonnons : Cela eft-il vrai ? notre origine , à 74-mille ans, nous paraît probable, & ton hypothèse n'a rien qui nous ravale : mais ton fyftème d'extinction de la vie, eft mal-vu : celui du commencement ne l'eft pas moins, relativement au temps que tu donnes comme neceffaire au refroidiffement : Il eft vrai que tu parles hypothetiquement,

G 4

& que tu dis : *Les choses étant comme nous les connaiſſons* : Mais il ne falait pas ſ'en tenir à cette hypothèse, visiblement fauſſe à l'examen ; à celle de tes Planètes échauffées dans le Soleil comme des boulets-rouges, ce qui eſt ridicule ; tu fais travailler la Nature comme un Fondeur, comme un Directeur des mines de *Montbar ;* ce n'eſt pas ainſi qu'elle opère, tu le ſais bien ! Veux-tu, que je te devoile le ſecret de la Nature ? Je ne l'ai pas étudiée avec autant de ſecours que toi ; mais la force de mon genie, a ſupplée à ce qui me manquait de moyens.   Le Soleil, tu en conviens, eſt le père, le formateur des Planètes, & leur *abſorbeur ;* il les lance hors de lui-même, & les y reçoit après une revolution de plusieurs milliers de ſiècles, qui conſtitue l'*ère* de la Planète.   Je ſuïs inſtruit par la Nature même.   Le centre du Soleil ne lance jamais de Planète proprement dite, mais une Comète : la force expulſive du reſſort du Soleil eſt ſi puiſſante, qu'elle imprime au Corps lancé, un mouvement preſque direct ; mais enfin ce mouvement forcé, cède inſenſiblement au mouvement circulaire du Soleil : car il remplit tout ſon ſyſtème, & ce ſont les couches de ſa ſubſtance qui forment l'éther, dans lequel nagent les Comètes & les Planètes : mais ſon centre a une cha-

leur & une force incomparablement
plus grandes que ses extrémités; ce centre
est à notre Univers, ce que le cœur, le
cerveau, & les autres viscères, sont aux
Corps-animés : Voila, mon Chèr, la veritable idée qu'il faut s'en former. Je disais
donc, que la Planète lancée hors du centre du Soleil, cómme une excretion, suit
dabord la ligne presque-droite, & s'éloigne:
mais qu'insensiblement, & presque parvenue aux extremités du Système-solaire,
elle flechit & circularise : La Comète,
à chaque revolution autour de son Père,
diminue insensiblement son ellipse, pour
se rapprocher de la circularité ; & c'est
lorsqu'elle est parvenue à n'avoir plus
qu'une excentricité convenable, qu'elle se
clâsse, suivant sa grosseur, après *Saturne*,
ou la Planète d'*Hertschel*, ou dans un espace
moins-éloigné, de-sorte qu'il peut arriver
qu'une Comète posterieure se clâsse dans
l'espace intermediaire : mais ce cas est
extraordinaire. Le plus commun, c'est
que les petites Comètes lancées après les
grosses, en s'approchant de Celles ci, deviennent leurs Satellites, & fassent comme
une seule masse avec elles, en se tenant
neanmoins à la distance necessitée par la
difference de pesanteur. Voila, mon cher
Naturaliste, comment les Comètes deviennent, & Planetes principales, & Pla-

nètes secondaires, ou Satellites: Vous
n'en avez pas dit un mot.   Je continue.

Les Comètes font couvertes d'Êtres vivans, qui font d'un temperament convenable à leur temperature, dès qu'elles
font lancées hors du Soleil; il ne faut pour
cela, que le temps ordinaire aux opera-
tions de la Nature. Le temperament &
la manière de vie, des Habitans des Comètes changent à - mesure qu'elle change
elle - même de manière d'exifter.   Devenue Planète, les habitudes & les mœurs
de fes Habitans changent encore; mais
infenfiblement: Nous nous apercevons
de ce changement, quoiqu'infenfible;
il eft affés-prompt, pour être remarquable,
en trois ou quatre-mille ans.   Notre hiftoire ne date que de cette époque, parceque les changement anterieurs ont detruit
pour nous tous les monumens des fciences.
Il eft à presumer, que les Habitans des
Comètes & des Planètes ne commencent
point par la maturité; mais par l'enfance:
Que l'adolefcence, la jeuneffe & l'âge-mûr
fe fuccèdent: Enfin, la temperature f'altè-
rant, la vieilleffe, la caducité, la mort
furviennent: Et voici comme cela f'o-
père: Il fuffit de confulter la raison, &
d'obferver ce qui fe paffe relativement à
nos corps; ils font en petit ce que la Planète leur mère eft en grand.

Il eſt reconnu, que notre Planète ſ'approche du Soleil d'une minute-de-degré en cent ans; c'eſt-à-dire, qu'au bout de cent années, la revolution de notre *Terre* autour du Soleil, eſt plus courte d'une minute. Ainſi, le preſque – cercle decrit par la *Terre* diminue inſenſiblement, parce-qu'elle ſ'approche du Soleil : autrefois *Venus* était auſſi loin du Soleil qu'en eſt aujourdhui la *Terre*; la Planète *Mercure* était visible à l'œil, & elle ne l'eſt preſque plus. On pourrait calculer le moment où *Mercure* tombera dans le Soleil, qui l'attirera comme un gouffre dès qu'il ne ſera plus qu'à quelques millions de lieues de ſon Centre. Le Soleil eſt le tombeau des Planètes, qui ſ'y diſſolvent, comme la *Terre* eſt le tombeau de nos corps, qui ſ'y reſolvent dans leurs principes. Ce *Père-Devoreur*, dont l'ancien *Saturne* était l'image, dans la theogonie de nos Pères, ſemble ſe nourrir de ſes Enfans; mais il en reproduit d'Autres, jeunes, épurés, dès qu'il eſt aſſés ſaturé par ſes abſorptions. Voila, monſieur De-Buffon, le ſyſtème hypothetique, qu'il falait proposer, & non celui de vos Planètes à boulets-rouges.......

Auteurs ! ſi un Grimaud ignorant tient ce langage à Buffon, au grand, à l'illuſtre Buffon ! que vous dirait-il, Inſectes

éphemères ? Que dirait-il de ces vils Syco-
phantes, qui courbés fous le joug de la
baffeffe, mentent la religion & la philosophie de leurs écrits abfurdes ! Hommes fans
mœurs & fans principes, ils parlent en De-
vots ou en Philosophes ! On les voit pour-
fuivre avec leur plume trempée dans le fiel
le plus amèr, dans l'humeur la plus âcre, les
vices qui font dans leur cœur. Hé ! ne
croyez - pas qu'ils les deguisent dans leur
conduite ! Non, non ! cès Infames ne
font tartuffes que dans leurs Ecrits ; dans
le monde, dans leurs sociétés particulières,
ils ne fe deguisent pas ! N'a-t-on pas-vu
n'aguères cet Impudent *B.-b.-R.-m.-y.* fe
presenter aux portes du Temple des Muses,
& en forcer l'entrée ? N'a-t-on pas-vu
B.-b.-Y. r.-x. declamer contre les Incre-
dules, & f'avouer athée partout où il dînait?
   Mais ceffons de parler de Ceux qui fe
deshonorent eux-mêmes : Confiderons
ces Ecrivains, qui perfuadés des faintes
verités de la morale, les annoncent &
tâchent de les faire aimer ! *Fenelon* fe
presente dabord : Avec quel art charmant
il encâdre la morale la plus pure, dans
l'hiftorique fabuleux du Fils-d'Ulyffe !
Quel Livre plus utile aux Hommes, que
celui qui leur fait aimer la vertu, en les
amusant. Auprès de *Fenelon*, que font
& *Pafcal*, & *Boffuet*, & l'aride *Duguet*,

& le pesant *Letourneux*, & le pointilleux *Arnaud* ? O tendre Fenelon ! que ne t'entenais tu à ton vertueux Roman ! pourquoi t'egarer dans les *Maximes* de la mysticité la plus profonde ! ton heureux genie s'était-il affaibli ? ou ta belle âme voulait-elle le disputer à Dieu même en generosité ?

Je vois ensuite le studieux *Rolin :* par d'immenses travaux, il a ressemblé les faits de tous les temps; il presente aux Hommes le Livre le plus interessant pour l'humanité, la reünion des differens âges du Genre-humain : Il les instruit par l'exemple des Hommes; il les enflâme de l'amour de la vertu, par le recit des sublimes actions des Grecs & des Romains...... Mais bientôt, il s'égare, il s'appesantit sur des fables; il s'efforce de donner, par la prolixité, une certaine importance à ce qui n'en-a point. On s'impatiente; on le quitte; on meprise tout ce qu'il a dit de bon, parce-qu'il s'est complu dans des inepties : Il tombe enfin, & pour le faire lire aux Femmes, une compagnie d'Auteurs mercantiles l'abrége & le defigure !

Voici *Moliére.* Immortel auteur du *Tartuffe*, du *Misanthrope*, & des *Femmes-savantes*, pourquoi peut-on te reprocher & l'*Ecole-des-Femmes*, & l'*Ecole-des-Maris*, & *Georges-Dandin*, & *Pour-*

ceaugnac? Hâ! dis-moi! pourquoi la morale corruptrice que tu as mise dans ton *Ecole-des-Maris!* D'où-vient souris-tu au vice, dans *George-Dandin?* à l'effronterie corruptrice, dans ton *Ecole-des-Femmes!* Tu as detruit, par ces trois pieces, tout le bien que ta sublime philosophie aurait pu faire par les trois autres!

Corneille, vaste & puissant Genie, toujours incorrect, souvent sublime, que *Voltaire*, a commenté par jalousie, je ne te dirai pas, comme lui, d'où vient as-tu des vers comiques dans la tragedie? C'est par une ridicule pedanterie, que *Voltaire* te fait ce reproche; comme si les Heros devaient toujours être guindés, boursoufflés! Oui, & je le soutiens, tes vers simples, naïfs, comiques enfin, dans le sens que *Voltaire* donne à ce mot, sont placés dans tes pièces; ils me rappellent que ce sont des Hommes qui parlent, qui agissent: dans *Racine* même, il existe de ces vers comiques, & ils y sont à-merveille: Mais, ô *Corneille*, par quelle folie as-tu choisi un sujet comme *Theodore?* Pourquoi as tu fait la faute grossière de faire du *Cid* une tragicomedie? car c'est ainsi que tu l'avais intitulée, & c'est son vrai titre! D'où vient, d'où vient as-tu fait des *Pertharite*, des *Toison-d'or*, des *Othon*, des *Agesilas*, & surtout des

Attilla, des *Pulcherie*, des *Surena*? Mais je pourrais demander, avec plûs de raison encore, à *Voltaire*, d'où vient il critique un de tes vers, neceſſaire, & qu'il loue comme ſublime, un mot qui n'eſt qu'une ſotiſe : c'eſt ton *Qu'il mourût*, des *Horaces*. Quoi un Romain, qui ſait que la mort de ſon Fils aſſujetiſſait *Rome* à la Ville d'*Albe*, eût repondu à *Valerius*, qui lui dit : — *Que vouliez-vous qu'il fît contre-Trois?* — *Qu'il mourut!* Et à quoi ſervait ſa mort? La reponſe naturelle du Romain, eſt celle que tu fais, dans ton ſecond vers, ſi vivement critiqué, regardé comme un hors d'œuvre, comme une cheville : *Que ſon deſeſpoir alors le ſecourît....* Ecrivains! comme vous êtes jugés! on vous loue de vos fautes; on vous blâme de ce qui eſt bien & ſagement dit! pour trente-ſous, aſſis aux loges, un Laquais peut à-preſent vous ſiffler!....

Racine, le front couronné de lauriers & de myrtes, ſ'avance modeſtement, mais ſatiſſait. On joue ſa *Phèdre!* Quel art! quel vers!. *Mais d'où vient cet Hippolyte amoureux?* Voila une critique judicieuſe! C'eſt qu'il n'était pas libre au Poète de changer le caractère d'Hippolyte; il ne l'a-fait qu'en ſe rendant coupable d'un contreſens. O *Racine!* cette tache ſur ton chefd'œuvre eſt ineſaçable,

& je ne fais fi je n'aimerais pas mieux ta faible Efther..... Mais quels applaudif-femens nouveaux! c'eft *Athalie*! Dieu! quel fujet! quel choix! qu'il eft odieux! Quoi! c'eft pour de Jeunes-filles innocentes, que ce fpectacle fe prepare! Laiffons, laiffons ces horreurs à l'hiftoire! elle peut, elle doit peut-être les conferver; mais ne les reprefentons pas!.. C'eft une Epouse, une Mère, une Ayeule, maffacrant tous fes Fils & fes Petitsfils pour règner! c'eft un Rejeton confervé dans l'obfcurité du temple, qui paraît tout-d'un-coup au grand-jour, au nom duquel on traîne par les cheveux fanglans hors de fa presence, fon Ayeule poignardée, qu'on achève, & dont il entend les cris! O Dieu! eft-il poffible que cette horreur fouille encore nos yeux! & quelles mœurs, quels cœurs, ont donc Ceux que je vois & que j'entens l'applaudir!

Faible *Campiftron*, ingenieux, mais froid *Regnard*, je vous laiffe à votre fort: l'Un de vous eft prefque oublié; l'Autre eft prefque deshonoré, par fon *Legataire-univerfel*! *Destouches* relève l'art; *Lachauffée* l'épure: Mais quel ridicule (non merité, j'en conviens), n'a-t-on pas jeté fur lui! *Piron*, fon antagonifte, fait la *Metromanie*, chefd'œuvre de l'art, mais non de morale, & par un feul fuccès furnageant cent mauvais operas-comiques, met les Rieurs de son côté : mais il finit par une pitoyable tragedie, & par un drame, lui qui s'était moqué de drames beaucoup meilleurs.

Crebillon, l'air sombre, les yeux égarés nous apporte *Atrée* (sujet moins odieux qu'*Athalie* peutêtre) : dans toutes ses pièces, on ne voit que des incestes, des crimes horribles ! Le Parricide *Idomenée*, la Parricide *Semiramis*, le Parricide *Rhadamiste* ; un *Pyrrhus*, dont le sang doit sceller un traité..... Hé ! gardez ces horreurs au fond de votre âme feroce ! Laissez, laissez-les reposer cachées dans l'histoire, pour n'être-publiées qu'avec precaution, aux Têtes-saines !...

Il faut aux Ecrivains des crimes atroces ; leur esprit ne peut se monter qu'au ton des horreurs ! Voici *Warwick :* voici *Gustave :* voici *Philoctète,* dont les cris effrayans m'épouvantent.... Une coupe .... est-ce du sang ? est-ce Atrée qui l'a-presentée... Non ! c'est un cœur, que regarde Gabrielle effarée !..... Pourquoi? hâ ! pourquoi ces crimes incroyables ! Laissez, laissez les reposer cachés dans l'histoire !..... On va brûler une Veuve : Je vois des Français aux Indes ; des Bramines français, des mœurs françaises ! est-ce pour empêcher nos Veuves de se brûler, qu'on donne cette Tragedie ?.... Une lampe à la main, *Hypermeſtre* ſ'avance : va-t-elle poignarder ſon Epoux ? Non, elle va le ſauver : Pourquoi donc ce poignard ?..... Il vaut cent beaux vers...... Quelles maximes ſublimes ! quel eſt cet Homme, grand par l'expreſſion, grand par les ſentimens, qui fait fremir mon cœur, en mettant le remords en action, dans *Macbeth !* Hâ ! voila le genre tragique ! D'où vient la pièce n'a-t-elle,pas de ſuccès ? Les tableaux ſont mal deſſinés !

Une faible tragedie, pour un grand ſujet, non representable, eſt ſuivie d'une bagatelle aimable : ce n'eſt pas du *Molière*, ce n'eſt pas du *Lachauſſée*, encore moins du *Regnard !* Qu'eſt-ce donc ? Du colifichet : une *Feinte* delicieuſe, delicieuſement jouée, m'occupe, m'amuse, m'intereſſe, comme ſi c'était quelque chose... Mais quelle Foule ! quelle vogue !... Dix fois, je ne ſaurais parvenir juſqu'à la porte, & je m'en-retourne, même avec mon Billet. J'entre à la vingtième : Je vois des apprêts de noces, une Joliefemme-de-chambre à marier, une Maîtreſſe bien-intereſſante, trompée par un Mari volage, & prête à ſuccomber aux tendres ſentimens d'un Jeune-homme qu'elle croit naïf : Je vois enſuite des tableaux piquans, des peintures delicieuſes ; de jolies Actrices, de bons Acteurs, des Personages qu'on aime à trouver ridicules; j'entens des verités fortes, qui me font m'applaudir de vivre dans un pays, où l'on peut les dire, même sur la scène. Cependant quelles clameurs! Je vois les Petitsmaîtres de la Cour, tous les Faquins de la Ville, toutes les Femmes-à-la mode, & toutes les Devotes se recrier : Mais la plupart de ces Gens-là voient jouer, sans scandale, les *Trois-Cousines !* Il est vrai, j'en-conviens, que *Dancour* ne vaut guère la peine qu'on se scandalise !

Fi de la tragedie ! je n'en veux plus : Mais je vois un *Jaloux* & une *Jalouse* qui fixent tous les regards ! Peutêtre a-t-on tort dans le *Jaloux ;* cette passion est indifferente à la Femme vraiement sensi-ble : que lui importe, si chaque marque de jalousie lui dit : *Je t'adore ! voi combien ton cœur est un bien precieux pour moi !* Tant que son Epoux est jaloux, jaloux à l'excès, elle est sûre de son cœur; elle peut dormir tranquile; son Epoux mê-me lui fournit la plus forte preuve de sa constance. Qu'a t-elle à faire ? Rien, qu'à le bien aimer, lui assurer qu'il possède son cœur, qu'elle ne s'occupe que de lui. Dès qu'une Femme se plaint de la jalousie de son Mari, Concitoyens, soupçonnez ses mœurs. Elle ne l'aime

plus; son attachement l'importune! Concitoyens, faites-lui honte! car elle va
devenir meprisable, si elle ne l'est deja!
Hô! quelle impudence il faut qu'ait une
Femme, pour oser se plaindre de la jalousie de son Mari! Quelle corruption est
deja dans son cœur! Taisez-vous, Impudente! rentrez dans le devoir & la modestie!....... Mais la *Jalouse*, c'est autre
chose : Hô! qu'elle est à plaindre!
qu'elle est malheureuse! Mille trompeuses
apparences peuvent la decevoir! Infortunée! pourquoi empoisonner ta vie!
Hâ! dumoins, si tu ne peux t'empêcher
d'être jalouse, ne te rens pas odieuse!
Ton Mari est devenu froid, ou moins
empressé; rassure-toi, tendre Epouse! il
n'est pas infidèle; il n'est pas même incons-
tant; c'est l'effet naturel de la satiété: Fais-
toi valoir, aulieu de suivre ses pas, de
paraître attentive à ses demarches! fais
valoir, dis-je, ta beauté, tes appas! la
recette est infaillible! plûs tu seras jalouse,
plûs il faudra que tu sois belle, attentive,
douce, gaie. Avec cette recette, tu ra-
menerais un Infidèle, tu fixerais un Volage: Juge si tu ranimeras un cœur affaissé!...
Quel charme dans notre *Femme-Jalouse*!
que la naïve & touchante *Carline* y est
delicieuse! elle l'est trop, car elle diminue
l'interêt que devraient inspirer, & la Fem-

me-jalouse, & cette Fille clandestine, qui fait le denoûment de la pièce.

Sans le changement trop brusque, trop peu motivé, parce-qu'il est trop complet, ta *Coquette*, ô *Lanoue*, aurait plus de merite que le chéf d'œuvre de *Piron !* Elle reünit le comique du *Misanthrope*, à l'interessant de *Lachaussée*, au coloris de *Dorat*.

Mais laissons le theatre. J'aime-mieux ce Moraliste, qui nous embellit *Shakespeare;* qui amalgame son genie à l'anglais, de - façon que l'anglais y gagne toujours, soit qu'il traduise *Young*, ou les Poésies d'*Ossian :* O *Letourneur*, quelle difference, de toi à l'ancien & pesant Letourneux, père de douze gros volumes, somnifères toutpuissans ! Et neanmoins, combien de Gens ont blâmé ton *Shakespeare !* N'a-t-on-pas-vu naguère, le Vieillard de *Fernei*, semblable au Pluton d'Homère, s'éveiller effrayé de tes succès, & s'écrier, Qu'ils alaient corrompre notre litterature ! comme si l'enrichir, c'était la corrompre ! Hâ ! si tu n'avais-pas nommé ton Auteur, & que tu cusses produit ses mâles beautés, sous le nom de *L.-H-.*, ou de quelque Jeune-écrivain protegé, tu aurais vu l'Oracle de la Litterature se repandre en éloges, & t'exalter avec enthousiasme!..... Mais *Voltaire*, tout grand - homme qu'il est, avait un defaut, c'était de n'estimer que le goût français, parce qu'il le poſſedait au degré ſuprême; & de vouloir, que toutes les Nations adoptaſſent ce goût, & ſe denaturaſſent! Idée folle, que la reflexion eût rectifiée, ſi l'orgueil n'avait empêché de reflechir.

Hâ! pourquoi les Auteurs ſe nomment-ils? pourquoi cet inſupportable orgueil, qui les porte à vouloir mettre leur nom & leur attache aux lambeaux de l'eternelle morale qui ſe trouvent dans leur ouvrages! *Socrate* a dit -.... Mais deux mille ans avant *Socrate*, on avait defini la beauté, *l'accord parfait des parties!* Bien avant Socrate, on avait dit, que la beauté du corps était le type de celle de l'âme, & que lorſqu'une Belle ou un Beau était mechante ou mechant, c'était le malheureux effet de l'éducation : Il y a quatre mille ans, & plûs, que toutes les verités du livre ſur les Physionomies du Suiſſe *Wateler* ſont connues de tous les Hommes! D'ou vient donc, ô Mortel! t'emparer d'immortelles verités! D'où vient y mettre ton cachet, & dire, *Emile, ou de l'Education, par J.-J.- Rouſſeau, citoyen de Geneve?* Comme ſi les éternelles verités qui ſont dans ce Livre, étaient du petit Homme, citoyen d'une petite Republique, ſituée près d'un petit lac, que les Enfans du pays croient une mèr? Si tu

rempliſſais ta devise ô *Jean-Jacques!*
ſi tu conſacrais ta plume & ta vie à la verité,
ne devais-tu pas dire : —Citoyens, voici
d'éternelles verités, que je repète ; elles
devraient être designées dans mon Livre
par des ” ” : je ne veux pas être un plagiaire : mais ſ'il ſ'y trouve quelque paradoxe,
que m'a ſuggeré l'amour de la ſingularité ,
Citoyens, ces paradoxes-là ſont de moi-!
Mais il aurait mieux fait encore de publier
ſon Livre, ſans ſe nommer ; de le jeter
inconnu au milieu du monde.   Alors,
les Hommes n'étant plus humiliés par la
vue de leur Regent, euſſent admiré davantage les belles verités ; ils euſſent
regardé les paradoxes comme le ſacrilége
impie d'une plume adultère....... Les
Anciens étaient bien plus ſages que nous!
Chés les Indiens, les Livres étaient dictés par Dieu-même ; il n'eſt pas juſqu'au
poème d'*Homère*, dont l'Auteur n'ait-
eu l'art de ſe cacher ; car il n'eſt pas ſûr
qu'il ſe nommât *Homére*. Il en devrait
être de-même de tous les Livres. Perſonne ne devrait avoir le droit de ſe
nommer. Les grands Ecrivains, irresiſ-
tiblement pouſſés par le genie, n'en écri-
raient pas moins, & les Fats, les Sots
qui ne ſont pouſſés que par la folie de
la vaine gloire, reſteraient dans leur neant.
Les Livres en ſeraient, & plus utiles,

& plus respectables, & plus respectés.
Par-exemple; n'est-il pas indecent, impudent de voir un Homme obscur, sans
merite, sans talens, chargé de la redac-
tion d'un Journal, s'arroger une magis-
trature litteraire, & nous donner ses in-
sipides remarques pour les oracles du
bon-goût! tandis que, souvent, helas!
il n'est guidé que par l'odieuse prevention
& la coupable partialité! Quelle audace!
quelle criminelle effronterie !......
Mais les Journalistes sont des Hommes :
Que penser d'une Femme, qui bravant la
pudeur, fait un Livre, & y met son nom?
Quoi! vous, dont l'appanage est la modestie, dont le devoir est la reserve, la retenue, le silence, vous vous élevez sur la
scène du monde, comme un Baladin, comme une impudente *Sapho*, & vous venez
regenter les Hommes, les élever, les former, les instruire !...... Hé! rentrez dans
l'obscurité qui vous convient, jeune
Etourdie: car, eussiez-vous soixante-ans,
sachez, que la Femme la plus spirituelle
n'a que la raison d'un Garçon de seize ans:
Fussiez-vous *Sapho*, *Deshoulières*; fussiez-vous *Riccoboni*, c'est la verité: Vous
êtes *Voltaire* à seize-ans, je vous l'accorde;
& certainement Celles que je viens de
nommer le meritent: mais quel Legislateur à seize-ans que Voltaire! Il pouvait

vait à la verité, dire de jolies choses, écrire de jolies Lettres, faire de jolis vers pour recouvrer sa tabatière; mais regenter le monde! donner à l'Europe des leçons, faire des Ouvrages........

Cependant il est des Corrupteurs, qui veulent que les Femmes s'instruisent, qu'elles deviennent savantes, pedantes: On lit dans un Ecrit periodique, cette Annonce: » On exige aujourdhui que les Femmes soient plus instruites qu'elles ne l'étaient autrefois. Leurs études ne doivent pourtant pas être aussi étendues que celles des Hommes, & il y a beaucoup de matières sur lesquelles il leur convient de se borner à des notions generales & precises. Mais comment choisir les Livres qui peuvent les leur donner? On n'avait pas encore songé à publier un cours-d'études propre à remplir cet objet, qui est très-important, puisqu'il s'agit d'augmenter le bonheur & les ressources de la Partie la Plus interessante de la Société. Le Projet d'une *Instruction publique des Dames* est donc très-bien conçu; cette Collection devant renfermer tout ce que peuvent fournir de connaissances utiles & agreables les Voyages, l'Histoire, la Philosophie, les Belles-lettres, les Sciences & les Arts. Par exemple; les Anciens connaissaient la sphericité de la Terre: *Pythagore* lui donnait cette

I Vol.   H

forme, & la croyait habitée jufque dans les antipodes, foutenant que les Hommes pouvaient fe tenir droits fur leurs pieds, dans une direction oppofée à celle que nous fuivons dams notre hemifphère. (Il pouvait dire mieux, c'eft qu'à-midi, tous les Hommes ont la tête en-bas, parce-que le Soleil étant le centre, tout ce qui le regarde eft relativement plus élevé ; à-minuit, au-contraire, tous font droits fur la convexité ; à fix heures, c'eft-à-dire, quatre-fois en 24 heures, ils font horizontaux, &c.) Les Savans envoyés par *Louis-XV* vers le pôle & fous l'équateur, ont demontré qu'en vertu de fa vîteffe de rotation & de l'attraction mutuelle de fes parties, la Terre a quitté la figure d'un globe parfaitement fpherique, pour prendre celle d'un fpheroïde, c'eft-à-dire d'un globe plus élevé vers l'équateur, & plus abaiffé vers les pôles. Quant à fon étendue, les recherches des Modernes n'ont fait que confirmer encore davantage l'exactitude des decouvertes de l'Antiquité. Environ trois - mille lieues de diamètre, & neuf - mille de circonference forment aujourdhui, comme autrefois, l'étendue que la fcience affigne à la Terre. Dans le refte de ce Difcours, on confidère le Globe terreftre fous deux grandes divifions : dabord en ançien & nouveau continent, enfuite en terre & en eau. Pour la première diftribution , les Auteurs f'étayent du temoignage de l'Hiftorien de la Nature, ɔɔ de ce grand Homme, qui, refté feul aujourdhui de ce beau Triumvirat litteraire, par qui notre Siècle a vu f'operer, dans toutes les penfées de l'Homme une revolution memorable, fait fi bien l'art de donner de la nouveauté aux conceptions anciennes, & aux conceptions nouvelles du poids & de l'autorité ɔɔ. Ils nous montrent donc, d'après M. *De-Buffon*, deux bandes de mer divisant la furface d'un pôle à l'autre ; l'ancien continent formé par la plus confiderable de ces deux bandes, & une ligne de trois-mille-fix-cents lieues tracée par le même Ecrivain, laquelle ne donne pas feulement la plus grande longueur de cet ancien continent, mais qui en afligne encore le vrai milieu, puifque des deux côtés de cette ligne, la furface du terrein fournit aux calculs de l'arpentage un nombre prefqu'égal de lieues carrées. Une autre ligne tracée fur le nouveau continent donne environ deux mille cinq-cents lieues de longueur. Les Auteurs de ce Difcours jettent auffi un coup-d'œil rapide fur les Iles les plus fameuses, en obfervant qu'elles fe trouvent en g and nombre dans le voifinages des terres , en très – petit nombre aucontraire au milieu de la pleine-mer; qu'elles font multipliées fous la zone torride, & deviennent rares à mesure qu'on f'élève vers le pôle boreal. Enfin ils promènent le Lecteur fur les differentes mers, fur les grands lacs, fuivent le cours des fleuves les plus confiderables, & n'omettent rien de ce qui a été decouvert au fujet de l'organisation exterieure du globe. Ce beau Difcours ne peut manquer de prevenir favorablement pour la grande Collection, à laquelle il fert, pour-ainfi-dire, de frontifpice, & il prouve combien elle doit être diftinguée de la foule des Compilations. Le ftyle en eft noble fans enflure, c'eft-à-dire, proportionné à la grandeur du fujet. Les divisions methodiques y jettent beaucoup de clarté; & pour le fond des connaiffançes qui y font repandues, les Auteurs, toujours appuyés fur des autorités refpectables, n'emploient jamais que les obfervations les plus frappantes & les plus fufceptibles d'être generalement adoptées »…..

Arrêtez, Corrupteurs, arrêtez! Laiffez les Femmes à leurs occupations ! ne les inftruisez-pas! elles ne doivent point l'être. Et plût-à-dieu qu'elles ignoraffent comme l'Agneau qui bondit fur l'herbe, & la maladie, & la mort ! Tout ce que nous acquerons en science, nous le perdons en bonheur, en tranquilité. Mais l'Homme doit savoir, il le doit, pour preserver la Femme & les Enfans: Qu'il soit seul malheureux!..........

Que je plains la Femme-auteur ou savante!... Jeunes-personnes, elle est reellement à-plaindre ! Elle a perdu le charme de son sexe; c'est un Homme parmi les Femmes, & ce n'est pas une Femme parmi les Hommes : Si ses ouvrages ont du merite, on ne veut pas croire qu'elle les ait faits: s'ils en manquent, elle devient ridicule : Qu'a-t-elle-donc gâgné? Ce que je viens de dire : le ridicule : A-moins que prudente, comme la sage *Riccoboni*, elle ne soit restée dans un genre convenable à son sexe ; dans ce genre aimable, moral, quoique leger, où le style de Femme se fait sentir, malgré les audacieux Detracteurs, qui ont voulu lui enlever sa gloire. Je defie à un Homme, quel qu'il soit, de faire les *Lettres de Catesby*, & même les Lettres de *Fanny Buttler :* Il les imitera, mais de-loin ; jamais il ne sera de-même, fût-il *Voltaire*, & y-mît-il toute sa capacité. Mais *Riccoboni* est la seule, qui ait cette manière de sexe, châtiée, sans pedanterie, & parfaitement agreable ».

On en-était à cet endroit de la lecture,

lorfque M. Toutlu entra dans la falle d'af-
femblée : Il fut reçu avec refpect par fa
Fille, qui lui ceda le fauteuil de presidence.
—Ma Fille (lui dit-il), je viens d'entendre votre *Lecture* academique : J'en
fuis très-content, & je vous confeille d'en
profiter : N'écrivez jamais : Ne vous
laiffez pas éblouir à la gloriole d'Auteur :
Vous avez vu, que bien appreciée, elle
n'eft rien ; que l'Homme vertueux doit la
dedaigner, en écrivant comme notre faint
Legiflateur veut qu'on faffe l'aumône.
Oui, je foutiens que l'Auteur du plûs
beau Livre, que *Montefquieu*, que *Buffon*
doivent fe cacher de leur main gauche, en-
écrivant de la droite, & ne laiffer échapper leurs feuilles de leur cabinet, que
dans la profonde obfcurité du fecret-.
Élise remercia fon Père de fes avis fa-
ges : mais elle ne doit les goûter parfaitement, que lorfqu'elle fera devenue l'épouse d'un Homme fenfé-.

Ce fut enfuite le tour de Vauviard : Il
lut une Pièce fort-fèche, fort-bisarre, fur
une matière capable d'ennuyer même les
Pedans des Petites-écoles : Mais, pour
que deux Hommes ne parlaffent pas de-
fuite, la Prefidente de l'aveu de fon *Père*,
lut une petite Pièce de Vers philosophiques,
qu'elle croyait avoir reellement composées

Requête d'un Artisan de Paris, pour la suppression, ou la remise des Fêtes au Dimanche.

Très - Reverend Pasteur & Père en Dieu,
Qui tous les jours faites la chasse au Diable,
Pour qu'il n'approche & ne gîte en ce lieu,
Plûs que tout autre au Malin delectable :
Bien - humblement ose representer
Jean - Brisemiche à Votre Seigneurie,
Que Belzebuth, toujours prêt à tenter
Les bons Chretiens, qu'il voudrait emporter
Dans le chauffoir de la Grand'confrairie,
Où font grillés par sa diablerie,
Les Riboteurs, avec les Mecreans,
Ainsi que tous ces Mauvais-garnemens
Qui de jurons lardent leurs patenôtres,
Et tous Ceux-là qui font les bons apôtres,
Mais qui ne font qu'hypocrites fieffés
Gras & dodus, pour l'enfer engr...
Laissons-les-là : mais revenons, Saint-Père,
A Belzebuth, ce Malin si fûté.
Vous savez bien, que c'est l'Oisiveté,
Qui de tout temps du vice fut la mère :
Or, à chommer, si l'on passe les jours,
Et de Dimanche, & de nos Saints la Fête,
Où Chaqu'un est paré de ses atours,
Et va briller au bal, à la guinguette;
Il est censé qu'on est induit à mal,
Parcequ'on n'a d'autres choses à faire
Que la luxure ou quelque bon regal.
L'argent y va; ce jour de bonnechère

Met au regime une femaine entière,
Ou fait voler, & donner fon bilan.
D'où je conclus que l'abus eſt énorme,
D'ôter deux jours, ou trois, à l'Artisan;
Vous fuppliant de faire la reforme
De toute Fête interrompant le cours
De nos travaux & de notre femaine :
Car, entre nous (paſſez-moi ce difcours),
Il vaut bien mieux travailler d'une haleine;
On eſt en-train, & l'on a moins de peine.
Si vous faviez comme on eſt le lundi
Alteré, lâche, & fans cœur à l'ouvrage !
Il nous deplaît : aulieu que le courage
Eſt tout de feu le foir du famedi.
Fête d'un jour en ôte deux d'emblée ;
Et pardeſſus la depenſe eſt doublée !
Comment nourrir fa Femme, des Enfans ?
N'attendez pas que la raison commande
Des Malheureux au jour le jour vivans !
De leur travail , quoique leur fort depende,
Avec plaisir toujours il eſt quitté ;
L'Homme né libre aime la liberté :
Quand on lui dit : Il faut que tu reposes !
A f'arrêter dabord il eſt tout prêt :
Mais autrement bientôt fon interêt
Et fon besoin vont lui montrer les choses?
C'eſt le travail qu'il falait ordonner.
Il eſt mal-vu de prefcrire une ceſſe ,
Que l'Artisan ne pourra fe donner,
Qu'en fe mettant ainfi dans la detreſſe.
Car il faut bien fe fourrer dans l'efprit,

Que du travail la Foule detournée,
Jamais ne peut retrouver la journée,
Qui de son gain le cours interrompt :
C'est empirer à tort sa destinée.

Prelat, voyez par tout ce que dessus,
Quel grand profit une Fête retranche !
Renvoyez-les à chommer au dimanche,
Vous ôterez d'un seul coup mille abus.

Un de Ceux qui venaient d'entendre la lecture de cette Pièce, en critiqua la versification. Un Second dit, que la composition gâtait la figure d'une Jolie-femme. La Sœur de Tahi, & quelques-autres Jeunes-savantes, prirent vivement le parti d'Élise. M. De-Vauviard interrompit cette discussion desagreable, en tirant de sa poche son manuscrit :

IV. Lecture : *La Langue-française-*

Orgueilleux Vermisseaux, qu'on aperçoit à-peine dans la fange où vous rampez, tristes Auteurs du *Poëme-des-Sens,* des *Mille-&-une-Faveur,* des *Anecdotes Turques & Persanes,* de *Poésies-fugitives,* d'*Almanachs-éphemères,* de *Chéfs-d'œuvres des Femmes-de-lettres,* plagiaires Auteurs des *B.-B.* ou des brigandages d'un *C. C. H.,* consolez-vous ! Oui, je veux vous consoler aujourdhui : Vos deplorables Ouvrages ne vous deshonoreront pas chés les Races futures ! malgré le secours de l'Imprimerie, ils periront ; en-depit de leur méchanceté, *les Trois-Siècles* ne se liront plus dans dix ans; *Mouy*, dans cinq ; *D.-R.* dans vingt jours, ** dans vingt minutes, & **-*** avant d'être lu, était oublié. ——Beau motif de consolation! (s'écria un Procureur, le plus sot, & cependant le moins presomptueux de ses Confrères). L'oubli vaut-il la gloire de faire rire, même à ses depens-?... Je ne suis pas assés maladroit, pour me borner, en vous consolant, à une chose qui s'en-va sans dire ; les pauvres Auteurs ne seront pas les seuls aneantis : Nos plus Grands-hommes, *Voltaire, Rousseau, Buffon, Corneille, Racine, Crebillon, Moliére, Boileau, Bossuet, Massillon, Bourdaloue, Renard, La-Chaussée, Destouches, Pascal, Descartes, Fenelon, Fontenelle, Dalembert, Diderot*; & *Linguet*, & *Marmontel*, & *Thomas*, & *Laharpe*, & *Lemierre*, & *Bailli*, & *Letourneur*, & *Ducis*, & *Mercier*; l'élegant *Dorat*; le nerveux *Robé* ; le pittoresque *Delile* ; le fougueux *Gilbert* ; le mordant *Piron* ; le triomphant *Beaumarchais*, Tous, tous, dans deux-cents ans, malgré leur élegance & l'*Academie*, feront des *Rabelais* & des *Ronsards*, parlant un jargon inintelligible. Quel motif puissant d'éternelle consolation pour vous! ils feront bouquins!   De modernes *Querlons* pourront peutêtre les rechercher encore, admirer leurs antiques beautés: de modernes *Voltaires* pourront les rajeunir; peutêtre même, vu l'oubli profond où on les aura laissés, un Plagiaire fera tenté de fe faire honneur de l'invention: Mais ils n'en feront pas moins bouquins, foigneusement évités des Gens-du-bonton & des Jolies-femmes. Peutêtre même qu'alors un moderne *F-u*, un-peu plus inftruit que l'ancien, en voyant le fort du Genie, l'honorera d'un foupir, & dira, en fe rengorgeant, *Sanctiffimi Patres, fic transit gloria mundi!*   Hâ! f'il pouvait favoir qu'il y eut autrefois un autre *F-au!* (mais c'eft l'impoffible, tous les plats Auteurs plus profondement enfevelis fous la lave du volcan qui les aura devorés, qu'Herculanum & Catane (1), ne feront jamais decouverts...) comme il honorerait fa cendre!

Mais, que fais-tu, trifte Frondeur! Tu decourages le Genie, & fais triompher les Sots!   Quoi! N. & Voltaire, C.-D. & Molière, cl. & Boileau, D.-C. & Fenelon feront égaux fous la tombe?

Non, Lecteur benevole, non! ce ferait, pour nos Grands-hommes, une peine plus grande que celle d'Ixion, de Prome-

______

(1) Quoique Catane fubfifte aujourdhui, fès caves font fur les tôits de l'ancienne.

thée ou de Tantale. Nos Grands-genies feront de beaux gothiques ; ils infpireront encore du refpect ; tandis que nos Pigmées auront été.

D'où viendra donc l'oubli où tomberont les celèbres Auteurs français ? Ce ne fera ni de leur inferiorité, relativement aux Anciens & aux Modernes, ni du manque de beautés originales ; mais de la matière qu'ils auront employée : Si *Cleomènes* & *Archesias* n'euffent travaillé qu'en plâtre, leurs Venus feraient-elles parvenues jufqu'à nous ? Si Homère, Demofthènes, Virgile, Ciceron, Horace, Ovide, euffent écrit dans l'idiome brute & changeant des premiers Grecs & des premiers Latins, leurs beautés feraient-elles éternelles ! Helas ! nous n'avons pas de langue ! la barbe, comme on dit, nous eft venue avant la raison ; ou plutôt, nous avons fu penfer, avant que de favoir parler.

Qu'eft-ce que la Langue française ? Un jargon informe, degeneré du latin, plus mobile que le fable, parcequ'il n'eft pas fait, qu'il n'eft pas une langue, & peutêtre ne le deviendra jamais : Semblable à ces jeunes Parisiens, qui ont depenfé tou leur efprit entre quatre à douze ans, pour refter fots le refte de leur vie (2), il f'eft

____

(2) On a vu dans le *Journal de Paris*, l'annonce d'un *Plan d'Education*, où l'on met

dabord brillanté; il a seduit par-là; c'est parce-que Pascal, Racine, Molière, Voltaire,
Rousseau, Buffon, ont dit de si belles
choses dans ce patois-là, que les Français ont cru avoir une Langue. Mais il
falait être un Français sans étude, pour le
croire. Quoi! une Langue sans analogie,
sans accord avec ses prepositions; qui n'a
rien de naturel dans ses sons, point d'autres
règles, pour la formation de ses mots,
qu'un bizarre caprice, sans orthographe
(mot grec, par parenthèse, & que le
Pape avec tous les Rois ne peuvent rendre
français); c'est là une Langue! Elle l'est
cent fois moins que l'allemand, le hu-
ron, le topinamboux, si ce n'est dans
quelques mots imitatifs, les seuls qui
soient français.

Qu'est-ce qu'un mot grec? C'est un
mot dont la raison suffisante est dans la
langue grecque: tel est ce même mot
orthographe, dont je viens de parler :
ortho, signifie regulier; *graphe*, signifie

---

en question, s'il n'est pas avantageux de develo-
per l'esprit petit-à-petit & de bonne-heure, comme les forces du corps? —Oui: mais il y faut
tant de prudence, qu'il n'y a peutêtre pas deux
Hommes à Paris capables de le faire : le plus sûr
est la methode de J.-J.-R.: si elle a quelques faibles inconveniens, ils ne font rien, en comparaison des contraires.

écriture : Voila donc un mot grec bien
conditionné, & dont la raison suffisante
est dans cette Langue : mais en français, qu'est-ce? Un mot absolument barbare & routinier, dont on ne peut donner l'intelligence que par routine, à Ceux
qui n'étudient pas le grec : aussi le gros
de la Nation prononce-t-il *octographe.*

Qu'est-ce qu'un mot latin? C'est un mot
dont la raison suffisante est dans le latin :
composer (*componere*) est un mot latin,
formé de la preposition *cum,* qui veut
dire *avec,* & du verbe *ponere* (*poser*) ;
il signifie donc *mettre, poser avec, composer* enfin : mais ce *composer,* pour qu'il
fût français, il faudrait l'écrire *Avecposer :*
Composer est un mot barbare, absolument routinier, qui n'a point sa raison
suffisante dans le français , &c. &c. &c.

Les trois-quarts des mots français sont
dans le même cas : tous ceux qui com-
mencent par *Ab,* par *Ac,* par *Ad,* par
Af, &c. : tous ceux qui commencent par
Cis, Com, Con, Cor, &c. ; par *De,*
Dif, &c. ; par *E, Ef, Ex,* &c. ; par *I,*
Im, In, Ir, &c. ; par *Per, Præ, Pro,*
&c.; par *Re, Rur,* &c. ; par *Sub, Subter,*
Sup, &c. ; par *Tra, Transf,* &c., par
Ver, Vice, &c. sans compter une infinité
de mots isolés, de substantifs sans verbes,
d'adjectifs sans substantifs, de verbes sans

aucun autre mot , comme , *Amenité ,
Commotion , Itineraire , Monition , Urbanité , Serieux , Adapter ,* &c.

Quoi ! l'on n'a pas senti qu'un pareil
jargon doit s'aneantir ; ou, ce qui est le
même, se perfectionner, au-point, que
le langage d'aujourdhui sera dans quelques
siècles parfaitement inintelligible ! Quoi !
l'on n'a pas senti que notre orthographe
actuelle rendrait un-jour notre langue inli-
sible ! Quoi! l'on a vu, sans indignation,
les Prejugistes s'opposer constamment aux
Gens courageux & éclairés, qui voulaient
se rapprocher de la prononciation(3)! Je
vais plus loin, moi, qui ai l'experience
des choses passées , c'est que si l'on ne
travaille pas de bonne-heure à la reforme de notre orthographe, en attendant
celle de la langue, toutes les beautés de
nos Grands-hommes pourraient bien être
perdues! Qu'il vienne un siècle d'ignorance ; que les éditions soient quelque-
temps interrompues, je suis sûr qu'on
ne pourra plus prononcer nos mots. Il

---

(3) J'ai entendu dire à Querlon : *Il faut
tomber à bras-raccourci sur ces Gens-là, qui
nous empêcheront d'être lus un-jour.* Feu
Freron pensait de même, par haîne pour Voltaire,
car il avait trop d'esprit pour ne pas applaudir à la
reforme : enfin, j'ai entendu tous les Sots s'exprimer comme Querlon , qui n'était pas un Sot.

faut entendre lire un Etranger neuf, qui ne fait pas notre langue : Quels mots ! Un Anglais, que j'ai laiffé lire feul une page du *Telemaque*, prononça, de manière que je n'entendis pas une fyllabe.

La force ou la faibleffe d'efprit d'une Nation vient de fa langue : l'entrave habituelle qu'elle met à l'expreffion des idées, étouffe les élans du genie, où la licence les eût aggrandies. Examinons la langue françaife, d'après ce principe.

Il n'y en a aucune qui géne autant l'expreffion, & qui faffe plus fouvent desirer le mot, qui ne vient jamais. La raison de ce defaut, eft fon peu d'analogie : Un Latin, qui trouvait dans fa langue, toutes ou prefque toutes les prepositions composantes, rencontrait facilement une expreffion augmentative ou diminutive, en y joignant une de ces propositions, *A, ab, ad, Citra, circum, cum* ou *com* & *con; De, dif, E, ex, extra, In, infra, intra,* ou *intro, Per, præ, pro, Re, Retro* (4),

______

(4) Je ne dis rien d'*al, ar, col,* &c. on fait que la règle, en latin, eft que la lettre finale de la preposition foit changée, par l'initiale du mot auquel elle eft jointe : ainfi, on dit *alligare,* aulieu d'*adligare; augere,* pour *adgere; colligere,* pour *cumligere ; corripere,* pour *cumripere,* &c. C'eft une corruption ; mais elle fut autorisée par l'usage, toute dangereuse qu'elle était.

Sub, sup &c., sans compter d'autres mots, comme *multum* , pour faire *multiplicans* ; *magis* pour faire *magister*, &c. Cette augmentation avait pour lui un sens clair, precis. Que sera-ce du grec, qui outre le même avantage que le latin, à un plus grand degré de perfection, en possedait un autre , incomparablement plus-beau, celui d'avoir tous ses mots si lians, qu'ils s'unissent les uns aux autres, d'une manière admirable, pour exprimer clairement toutes les idées? tels sont, *Philosophie, Misanthropie, Theologie, Geographie, Geometrie, Chirurgie*, &c. Voila ce qu'on appelle des richesses. Le français aucontraire, n'a rien d'analogue : il emprunte dabord du latin tous les mots, composés de prepositions qu'il n'a pas, & dont la signification ne peutêtre que routinière : il emprunte des mots tout-à-fait grecs, tels que ceux que j'ai cités ; mots inintelligibles, & qui ne laissent dans l'esprit qu'une idée confuse, pour qui ne connaît pas cette ancienne & belle langue. Un Français ne peut donc pas avoir naturellement la même netteté dans ses idées , qu'un Grec, qu'un Latin ? Cela n'a pas besoin de demonstration ; la verité frappe tout d'un coup. Quelles entraves ce pitoyable jargon ne doit-il donc pas donner au genie! Que ne feraient pas les Français, avec un idiôme plus raisonnable ; avec un idiôme plus parfait que le grec même, puisque le grec a encore quelques mots composés des anciennes langues, dont les prepositions n'existent point separées dans son vocabulaire ; telle est *am*, qui est une preposition égyptienne ; l'*a* privatif, &c. Le latin est composé de certains mots, dont les prepositions sont inconnues, comme *au, æ, en, for, ge, la, ma, pa,* &c.

On peut donc dire, que le grec même n'est pas une langue parfaitement analogue : il n'y a de telles, que les langues absolument monosyllabiques, dont les mots composés ne sont formés que par des mots d'usage & connus : telles étaient autrefois toutes les langues d'Europe : chaque syllabe était un mot ; chaque idée s'exprimait par plusieurs mots joints : *Ad-or-a-ti-o* était composé de quatre mots simples ; *Ad*, preposition, qui marque le mouvement d'approcher, d'attribuer ; *or*, qui signifie bord & bouche, porter à la bouche ; *atio*, pour *itio*, par euphonie ; *it* marque l'action d'aler, & *io*, ou simplement *o*, est l'ancienne manière d'écrire le verbe *e*, depuis *esse* (être), à l'indicatif. Originairement il n'y avait que des voyelles, & une seule langue écrite ; les consones sont l'expression de la diversité de modification ; c'est pourquoi dans les langues secondes-anciénnes, on n'écrivit plus que les consonnes, en supprimant toutes le voyel-

les ; au-contraire de la première-langue-
écrite, où l'on n'avait exprimé que celles-
ci. Voila quelle est la veritable marche :
Ce font les confonnes qui ont varié la
première langue uniforme ; & une-fois
qu'on les a eu fubftituées aux voyelles,
dans l'écriture, tout a été bouleverfé. Mais
avant cette époque, une autre écriture,
fans voyelles ni confonnes, avait precedé :
c'eft la jeroglyphique, qui exprimait l'idée
des choses par une image. Les anciens
Egyptiens employèrent les jeroglyphes,
dont l'écriture chinoise eft la perfection (5) :
ce n'était pas une peinture, comme on l'a
pretendu, mais un figne des idées, qui
n'exprime ni voyelles ni confonnes ; il falait que les langues qui pouvaient employer l'écriture jeroglyphique fuffent parfaitement analogues, comme l'ancien égyptien, & comme le chinois l'eft encore aujourdhui. L'égyptien écrit fut un-peu-
moins analogue que le jeroglyphique. La
troisième efpèce de langues, telles que le
grec, & la quatrième, telles que le latin,

_____

(5) Certains Litterateurs fe font imaginés, que
c'était la multiplicité des caractères, qui fesait que
les Chinois paffaient leur vie à apprendre à lire :
Ce n'eft pas cela : Les caractères n'étant que le
figne, & non l'expreffion des idées, il fuit de-là,
que c'eft le genie du Lecteur qui fait la beauté de
la lecture : Apprendre à bien lire, à la Chine,
c'eft apprendre à penfer-jufte : & cette étude
eft celle de toute la vie.

font beaucoup moins analogues. Enfin, les cinquièmes langues, comme l'italien, l'espagnol & le français, le font très-peu, surtout le dernier, qui ne l'est qu'à-moitié de l'italien. Mais revenons.

Les langues, surtout les modernes, en changeant, font peu-à-peu devenues routinières, & dès - lors obscures, moins analogues, moins favorables au developement des idées: peutêtre fera-ce pis encore par la suite, jusqu'à ce qu'ayant replongé les Hommes dans un cahos inextricable, ils fe voient forcés d'en revenir à la langue monofyllabique & originelle.

Cessez donc, ô mes Concitoyens, de vous enorgueillir de votre jargon, le plus anomal de tous ceux qui existent aujourdhui! occupez-vous à le reformer; le plutôt fera le meilleur. Que la crainte de perdre vos chéfsd'œuvres ne vous retienne pas; ils vieilliront malgré vous, &, grâce à votre orthographe, digne de votre langue barbare, non-feulement ils ne feront plus entendus, mais on n'aura plus le vrai fon des mots. Quelle inconfequence, de retenir la manière d'écrire de vos Ancêtres, qui prononçaient autrement que vous? Un Grand-homme a fait un pas de ce côté-là; les Prejugistes fe font foulevés: L'Auteur estimable de *Londres (Grosley)* avait été plus loin; les Clabaudeurs l'ont forcé d'abandonner fon orthographe raisonnée, pour reprendre la gothique.......

Avant de finir, je vais faire sentir, par un exemple, comme il faudrait que nos mots fussent composés, pour être analogues : non que ce soit un modèle à suivre; ce n'est qu'une explication de ce que j'ai dit:

Français analogue en partie.	*Français ordinaire, ou traduction.*
J'avanporterês que notre Langue fût avecposée de termes raportatifs, c'êt-à-dire, d'avecpreneuses parfaitement entendues, & qui separemant aurêt un sans avenu : mais une langueloignée de l'idiome formatif ne pourra jamés pourquerir se point de parfaision : Les avecpreneuses formatives des mots les plus fimples & les plus usagiés, font les feulavecpreneuses nonentelligibles pour nous; & paravecfuivant nontraduisibles.	Je prefererais que notre Langue fût composée de termes analogues, c'eft-à-dire, de fyllabes parfaitement entendues, & qui feparement auraient un fens connu: mais une langue éloignée de l'idiome où fes mots ont leur thême, ne pourra jamais acquerir ce degré de perfection: Les fyllabes formatives des mots les plus fimples & les plus usités, font des monofyllabes inintelligibles pour nous, & par-confequent intraduisibles.

 IV Exemple :

A-present, je vais établir la preémi-
nence de la Langue-française, fur les autres Langues modernes.

Dans ma première jeuneffe, je m'étais
proposé de presenter à l'Academie-Fran-
çaise un Projet, qui aurait affimilé notre
Orthographe à l'italienne, pour la raison
& la facilité :

Effè d'üne Reformafion de l'Ortografe-
franfèse : Memòre presanté à l'Aca-
demie de la Nafion, par un Anfant,
de bon-fans.

Audacia certè
Laus erit.... & voluiffe fat eft *Prop. L.II, el. 10.*

Meffiùrs : L'Academie franfèse êt la le-
giflatrife natürèle de l'Inprimerie ; Éle a
le plüs-grand interêt à randre l'ortografe
de nos livres fafile pour les Étrangérs, é
fürtut pur les Anfans de la Nafion, qi la
beniront ajamês, pur cet inapreffable
biénfèt. Je ne rêsoneré-pâs ma reforme :
fe Memòre fera l'ègsanple de la manière-
d'écrire proposée.

Si la Lange-franfèse n'êt-pas de tus les
Idiômes vivans, celüi dont la prononfiafion frape le plüs agreablemant l'orèhe, fa
conftrücfion, qi êt la plüs-rêsonable é la
plüs naturèle, ranplafe fe qi manqe à
fon armonie, fans diminüér fa majefté.
S'êt injüftemant qe les Italiéns ont-pre-
tandü qe notre Lange étèt moins-propre

qe la lùr a l'antousiasme de la poésie, a xanter les dusùrs, u les amèrtümes de l'amur : J'an-done pur prùve ces Uvrajes admirables, q'ont produit les *Cornèhe*, les *Rasine*, les *Qinôt*, les *Despreôs*, les *Russôs*, les *Voltére*.

Les sons dont notre Lange êt-conposée, font qelqefôs surds, mês ils ne font-jamês rüdes; lùr extrème variété ôte l'annüyùse monotonie q'on ne pùt s'anpêxér de santir, an-prononfant l'italién. (*M. De-Vauviard citait ici une strofe du Richardet, une-autre du* Tasse, *entièrement sur la mème rime , & il les compare à des tirades de Quinaut, extrêmement harmonieuses, qui donnent l'avantage au français : Il en concluait*): Il ne fôt que de l'orèhe, pur jüjér ; é ün Ome qi ne forèt ôqüne des dùs langes purèt prononfer.

La Lange espazole, tute majestüùse, resôt cète qalité de ses süperlatifs, de la lètre *o*, qi antre dans prèfqe tus fes môts, é qi de tutes les voyèles, êt la plüs lônge a prononfer. Mês fe fon qi revient trop-fuvant, infi qe celüi de l'*a*, prodüit üne monotonie fanfible.

Je ne crôs-pas q'ôqün Franfés fôt-parvenü a bién-prononfer l'alemand; é j'é ün egsanple actüel d'ün Alemand q'on prandrèt pur ün Franfés, tant fa prononfiafion êt conforme a la nôtre. Les lètres dùres dont cète ortografe êt ranplie, font-jügér qu'èle ne pùt abfolümant antrér an conparêfon avéc la nôtre pur la dufûr.

La prononfiafion anglêfe, utre q'èle êt fiflante, egsije q'on fère les dants; fe qi ne pùt-être fort-agreable.

Le franfês l'anporte fûr tutes fes langes ».

La Presidente fit un gefte d'ennui, & d'impatience, que M. De-Vauviard anrevit. Il en fut interdit; & cefla auffi-tôt. Élise avait été enchantée de la pièce lue par Tahi, quoiqu'elle eût rougi de la peroraifon: le veritable Auteur, malgré cette peroraifon (qui n'avait pas été ajoutée fans deffein, pour Tahi), fentit bien que fon Rival alait l'emporter, & que la Belle pourrait le choifir. Il forma le projet de faire trouver fous la main d'É-lise, le plan d'un Ouvrage quî pût la flater, en-même-temps qu'il lui montrerait les inconveniens de la hauteur & de l'exigeance dans les Femmes. Ce n'eft pas qu'il n'eût quelque fcrupule de flater une manie qu'il condamnait: Mais il favait, que dans une Société où l'on ne brillait que par l'efprit, Elise ne pouvait f'empêcher de chercher à fe diftinguer, & à meriter fon titre de Presidente: Il fit enforte qu'elle travaillât feule, fans confulter Perfonne, avec toute l'attention dont elle était capable

ble, & que le sujet lui fournît un Drame interessant : Pour la preserver plus efficace-
ment de la vanité, il eut soin qu'elle ne pût
ignorer que sa fable était tirée d'un Livre
imprimé : Mais beaucoup de Grands-hommes en-ont-fait autant, sans qu'on les en
blâme.   Le titre était saillant, & le sujet
touchant, par la manière dont il était traité dans le Livre.   Lorsque la Pièce fût
achevée, Elise indiqua le jour , pour en
faire la lecture dans une Assemblée brillante
de son Musée : En même-temps, elle annonça, que c'était un Drame en cinq actes.
—En cinq actes (s'écria tout le Musée) :
nous verrons , nous verrons ! —Cela sera
charmant (dit Tahi), si Mademoiselle
y a mis seulement le centième de ses charmes,   & ce sel attique qui petille dans
ses discours. —Non, monsieur (repondit-
elle avec complaisance), je n'y-ai-point
mis de sel attique; le sujet est attendrissant,
& ne demandait que de la bonté-.

Le jour choisi arrivé, Elise assise au-
dessous de sa Mère, environnée de tous
ses Admirateurs, & de quelques Parens
qu'elle avait invités, ne lut pas son Drame: On avait disposé une grande pièce,
qu'une porte condannée separait de son
appartement: le Menuisier de la Come-
die-française y avait élevé un petit theatre
portatif.   On ouvrit la porte à un signal;

toutes les croisées fe fermèrent à-la-fois,
& on fe trouva dans une falle fuperbement
éclairée; la toile fe-leva, & l'on vit des
Acteurs mêlés, italiéns & français, fe prefenter fur la fcène, où ils alaient jouer une
pièce, dont le titre était écrit fur la toile,
en lettres tranfparentes : *La Fille-na-
turelle* (6).

Pendant le cours de la representation,
l'on prodigua les applaudiffemens.   A la
fin du dernier acte, le Père d'Elife, homme-d'efprit, & grand amateur de litterature, vint auprès de fa Fille :   —Avant
de vous embraffer & de vous feliciter,
mon Elife (lui dit-il), il faut que je fois
bien-fûr que Perfonne ne t'a foufflée, cor-
rigée, raturée, augmentée ? —Je n'ai
pas lu même une ligne de mon ouvrage:
J'ai-voulu qu'il fût tout-à moi.   —Tahi
n'a-pas été confulté ?.—J'ai été tentée de
confulter M. De-Vauviard : mais pour
M. De-Tahi....   C'eft lui furtout, que je
voulais étonner.   —Je te crois, & je
te felicite ; ta pièce eft intereffante, convenable, de bonnes mœurs, bien écrite:
tu m'en es plus chère, depuis que tu l'as
faite....   Mais   —C'eft mon plûs beau
fuccès, mon Père... Que vouliez-vous dire?
—Je t'aimerais davantage encore, fi tu
n'avais rien écrit.   Quoi ! ma Fille, vous,

<hr>

(6) On doit la trouver après le 17 *Exemple.*

jeune, jolie, & qui par-consequent, devez être modeste, vous êtes assés-hardie pour faire jouer un Drame! vous faites parler des Hommes! vous peignez des sentimens que vous ne devez pas connaître, à-moins que vos mœurs n'aient deja souffert!.. Hâ! ma Fille! j'écarte cette idée!... N'oubliez pas les avis que vous donne ici votre Père, ma chère Enfant! c'est sa tendresse pour vous qui les a dictés. Tenez, voici une pièce de ma façon : Vous la lirez à tête reposée (7).

Pour la Mère d'Elise, elle était dans l'ivresse : (Puisqu'il faut le dire enfin, c'était une insensée ; sa conduite avec sa Fille le prouve) : elle l'embrassait, elle se fût mise à ses genous ; elle lui aurait donné tout ce qu'elle possedait. La bonne Dame, ne savait pas, que pour les Femmes surtout, le cœur vaut beaucoup-mieux que l'esprit.

Elise, après sa pièce, fut respectée de tout le Musée, & ses decisions devinrent irrevocables : Il est vrai, que le plus souvent elles étaient justes. Tahi ne produisait plus rien ; parceque Vauviard, qui s'était aperçu de son impudence, refusa de lui prêter son esprit ; tandis que pour lui-même, il continuait à produire des choses très-estimées : Il lut une Pièce

____

(7) *L'Education de la Fille d'un Pere sage :* dans le 19 *Exemple.*

intitulée, l'*Education d'un Prince - du-sang* (8), & quelques autres, toutes marquées au bon coin.   Elise fesait la guerre à Tahi : mais il se defendait mollement sur cette paresse pretendue, qu'ont les Gens à talens distingués ; tandis que dans la realité, la paresse n'est que l'absence de ce talent, dont on se targue avec impudence.   Cependant il ne savait bientôt plus comment s'excuser, lorsque le hasard le favorisa.

Un-soir, il ala dans une maison de Marchand, où il y avait plusieurs Filles : les deux Ainés étaient deja grandes, & la Première surtout, appelée *Charlote*, était très jolie.   Comme le Marchand n'était-pas fort riche, c'étaient ses Filles qui fesaient toutes les emplettes de la maison. De-Vauviard était dans cette maison, & finissait avec le Père, lorsque les deux Aînées sortirent ensemble :   L'Honnête-homme, en passant devant la boutique où elles achetaient, aperçut les deux Sœurs qui fesaient deployer une jolie indienne. Le Marchand, qui était jeune & garson, les poussa dans l'arrière-boutique, où il parut vouloir se familiariser beaucoup !.....   M. De-Vauviard fut frappé du danger que couraient deux Filles jeunes & jolies ; il entra sur-le-champ dans un Café voisin,

_____

(8) On doit la placer à la fin du IV Volume.

pour écrire une pièce très-vive, qu'il fit parvenir aux Parens le soir même. Au moment qu'ils la recevaient, Tahi parut chés eux : On lisait : Sans trop comprendre le motif de cet écrit, il en sentit le merite, reconnut le ftyle de fon Rival, & demanda permiffion de le copier : il vit tout le parti qu'il pouvait tirer de ce morceau original, intitulé, *Les Billets-d'avis* (9). Muni de cette Pièce, à la première feance, il en fit lecture, comme étant de lui. M. De-Vauviard, qui avait en main la preuve fans replique de fa propriété, garda le filence; mais il prit fes avantages. Tahi eut encore une *épave*, pour la feance fuivante, dans une maison où Vauviard & lui étaient également connus : Il y trouva une Pièce à-peu-près du même genre, intitulée *L'Ami de la maison* (10) : Encouragé par la moderation de fon Rival, après avoir laiffé paffer quelques feances, pour ne paraître pas travailler avec trop de facilité, il f'en fit encore honneur, avec impudence. Alors м. De-Vauviard comprit qu'il était temps de parler. Il prit Tahi en particulier, après fa lecture :

—Pour le coup! c'en eft trop, (lui dit-il) :

---

(9) On les trouvera dans le dernier *Exemple* de ce Volume.

(10) Voyez cette Pièce dans le 22 *Exemple*.

Je vous devais le secret, lorsque je vous cedais volontiers une de mes Pièces : mais aujourdhui que vous me les volez impudemment, je declare, Monsieur, que je vous demasquerai-! Elise était à-portée d'entendre cette conversation, qui se tenait à l'écart : Tahi pria son Rival de le menager. —Non ! non ! repondit Vauviard, si ce n'est pour la première Lecture, parce-que l'honneur m'y oblige : passez pour avoir composé la Pièce intitulée les *Auteurs*, je le veux bien, puisqu'il n'y a plus de remède : mais je ne vous cèderai pas mes *Billets d'avis*[1], ni mon *Ami-de-la-maison :* je vais parler; à-moins que vous ne parliez vous même-. Le Petitmaître vit bien qu'il falait prendre ce dernier parti, comme le moins humiliant : Il rentra, & dit, en-paraissant l'executer de bonne grâce, —Mademoiselle, & Messieurs : La Pièce que vous venez d'applaudir, & qui le merite, n'est pas de moi; la delicatesse m'oblige d'en convenir; elle est de M. De-Vauviard. —Votre première pièce est donc aussi de M. De-Vauviard (dit Un des Membres) ; car c'est le même style-? Le Petitmaître embarrassé, fut prêt à mentir : mais se croyant trahi, son effronterie se trouva en defaut, il rendit la première Pièce à son veritable Auteur. Elise était très-confuse, parcequ'elle partageait la honte de Tahi: Elle en voulut à Vauviard, fans favoir pourquoi ; tandis qu'au fond de fon cœur, elle fentait f'accroître la confideration qu'elle avait pour lui.

Lorfque la Compagnie fut retirée, elle reflechit ferieufement. Il lui parut convenable de renoncer au mariage, puifque Tahi n'était pas digne d'elle, & que M. De-Vauviard n'avait pas de quoi fatiffaire fon cœur. Ce projet qui ne paraît pas criminel au premier coup d'œil, fut la fource de quelques égaremens: en renonçant au mariage, elle eut de moins ce frein falutaire, qui fait qu'une Fille ne veut rien avoir à fe reprocher, qui puiffe un-jour faire de la peine à fon Mari: elle forma le deffein coupable d'aimer, fans y-être autorisée par un nœud legitime; de fatiffaire ainfi fon goût, fans égard pour la folidité, pour les qualités, les vertus: A-peine eut-elle livré fon cœur à ces idées extravagantes, qu'elle perdit de vue fes principes: Elle chercha dans fon efprit des armes pour les combattre, & elle en trouva. Elle fe fit un fyftème d'égoïfme, d'independance, & parvint à en faire fa morale habituelle. Devenue orgueilleufe par fes lumières, par les louanges qu'on lui prodiguait, elle n'eut pas la tête affés forte, pour fupporter la fumée de l'encens. Tahi fut admis à des entretiens particuliers ; & mad. Toutlu, aveugle fur le merite de fa Fille, eut l'imprudence de le fouffrir.

Vauviard eut en public toutes les preferences : Elife voulait avoir l'air de rendre-juftice au merite, & peu f'en falut qu'à-force de chercher à paraître le confiderer, elle ne le preferât. Ce qu'il y a de certain, c'eft que la faveur de Tahi dura peu.

M. De-Vauviard alait peut-être infpirer des fentimens folides, lorfqu'un autre Auteur, jeune poète doublement élegant, par la parure & par fes vers, vint f'emparer de toutes les facultés d'Elife : mais elle éprouvera, que les cœurs gâtés par l'orgueil, dont l'exterieur a la beauté du Papillon, en ont auffi la legereté : *Deserancour* fut inconftant, & changea precifement, lorfque le cœur d'Elife était au plûs-tendre de fon attachement pour lui. C'était fon premier goût complet, elle en fut longtemps inconfolable ; elle verfa des torrens de larmes, qui prirent fur fon temperament, ternirent la vivacité de fon teint, & fletrirent fes charmes : Elle ne fe confola, que lorfqu'un autre Homme-de-merite, qui joignait à l'efprit une fortune confiderable, vint lui apporter l'hommage de fon cœur.

Élise, en voyant à M. *D'Harpagan-*
ville un air ouvert, des yeux à fleur de-
tête, lui crut une âme expansive & franche.
Cet Homme, pour creuser l'impreſſion,
fit parade de ſes talens litteraires, par
plusieurs Pièces, qu'il debita de cette manière importante, avantageuse, qui ſemble dire, C'eſt un Homme ſuperieur qui
parle; ſoumettez votre raison, & admirez !... La première dont il honora le
Muſée, ſ'intitulait, *La Superſtition* (11):
La ſeconde, *Le Luxe & la Pauvreté*(12):
La troisième, *L'Ecueil* (13): La quatrième, *Les Romans* (14): La cinquième,
La Domeſticité (15): La ſixième, *Le Cha-*
grin (16): La ſeptième, *La Religion* (17):
Enſuite, pour marquer combien il était
ſavant, il lut deux *Lettres de Theano*,
femme de *Pythagore*, la première *ſur la*
Jalousie ; la ſeconde, *ſur l'Education des*
Enfans (18): Enfin, il donna deux hiſto-
riettes, l'une titrée *Dot, & Sans-dot*, l'autre, *L'Epouse plus-âgée que ſon Mari*(19).

(11) Elle ſe trouve dans le 12 *Exemple.*
(12) Elle eſt dans le 14.
(13) Dans le 21.
(14) Dans le 24.
(15) Dans le 28.
(16) Dans le 31.
(17) Dans le 32.
(18) Dans les 15 & 30 *Exemples.*
(19) Dans les 13 & 23.

I 5.

Elise fut éblouie de tant-de mérite
Elle changea fa resolution première de refter fille.   Devenue raisonnable, & fe le
croyant beaucoup-plûs qu’elle ne l’était,
elle fe promit de fixer cet Homme, quoiqu’il ne fût plus jeune, & d’en faire un
mari dont elle ferait adorée. Mais D’Harpaganville, libertin d’efprit & de cœur,
ne f’était approché d’elle, que parcequ’il
avait entendu parler dans le monde,
de la resolution où elle était de ne pas
fe marier : Il en conclut, avec beaucoup de juftesse, qu’elle voulait mener
une vie convenable aux desseins des Celi-
bataires effrontés. Les premiers entretiens
qu’il eut avec elle le confirmèrent dans
fon opinion : Il garda moins de menage-
mens, & decouvrit fes vues. Elise n’é-
tait pas riche ; fon Père diffipait ; les projets D’Harpaganville annonçaient un partage de fon aifance avec Celle qu’il
aimerait, à-titre d’amitié : Elise était
tentée..... Il eft vrai qu’elle ne voyait pas
la profondeur du precipice.

Elle était-prête d’y-tomber, lorfqu’elle
fit connaiffance d’un Homme veritablement vertueux, d’un fecond *J.-J.-R.*
C’était un Ami de Vauviard, de cet Homme eftimable, qui n’avait jamais desefperé
de ramener Elise à des fentimens raisonnables, & même tendres en fa faveur : En la

voyant prête à se perdre avec Harpaganville, il fut douloureusement affecté;
mais sentant qu'il ne pouvait aler person-
nellement à son secours, il envoya M.
D'Aiglemont à sa place. Cet Homme
celèbre fut reçu d'Elise à-bras-ouverts;
ils eurent ensemble de ces entretiens affectueux & purs, qui ramènent la vertu dans
l'âme; l'amitié la plûs-vraie les unit.

D'Harpaganville connaissait D'Aiglemont, & il en était parfaitement-connu :
Il ne put voir la nouvelle intimité d'Elise
& d'un Homme vertueux, sans penser
que son règne serait bientôt fini, s'il
ne les brouillait : Il se hâta, voulant prevenir les ouvertures reciproques à son
sujet : Mais quelque prompt qu'il fût,
il vint trop tard : D'Aiglemont & la
jeune Elise s'étaient deja tout-dit à son
sujet : M. D'Aiglemont avait demasqué
l'Avare, qui se cachait sous les apparences de la generosité; il avait prouvé par
une multitude de petits traits, que cet
Homme avait les passions les plûs-basses,
la conduite la plus coupable & la plûs
fausse, avec les Victimes infortunées de sa
lubricité. Elise était convaincue, lorsqu'une Lettre anonyme, partie de la
main d'Harpaganville, vint annoncer à
M. D'Aiglemont qu'il était joué par Elise.
Le Calomniateur citait des traits, des

confidences, qu'on lui avait faites, & qu'il n'aurait-pu deviner. Mais il les empoisonnait. Ce fut alors, que M. D'Aiglemont, sans parler à sa jeune Amie des noirceurs d'Harpaganville, se contenta de lui rappeler le souvenir des vertus, des talens, des sentimens de Vauviard : Il parla de ce Jeune-homme avec le zèle brûlant de l'amitié. Elise s'était égarée quelque temps, mais elle n'était pas-corrompue ; elle s'enflâma de tendresse & de reconnaissance: M. D'Aiglemont fut prié d'amener M. De-Vauviard: -Quel traitement lui preparez-vous? (dit l'Ami commun). —Je veux lui demander pardon, d'avoir si-peu menagé son repos, & l'honneur de son Epouse. —Vous lui donnerez votre main? —S'il me trouve encore digne de lui. —Vous l'êtes, par ces sentimens: Tenez, voila une Lettre d'Harpaganville: Elle est pour moi; lisez-. Elise pâlit, se troubla... —Je ne suis pas aussi coupable qu'il le dit (s'écria-t-elle); mais je le suis, d'avoir permis que son souffle souillât l'air que je respirais-.

Ce fut ainsi, que le plus vil des Hommes devint pour Elise un moyen de salut: Il lui causa tant d'horreur, qu'il lui fit abandonner son dangereux système, & se jeter dans les bras d'un Honnête-homme.

Le lendemain de son mariage, M. De-Vauviard eut-soin qu'à son reveil, sa Jeune-épouse trouvât un present magnifique, capable de lui marquer le prix qu'il donnait à sa tendresse. Elise fut enchantée : Mais en ouvrant l'écrin, elle vit un petit papier, qu'elle deplia : Elle y lut :

» Ma chère Femme : Nous avons de »l'esprit tous-deux ; nous avons fait nos »preuves : Mais j'ai une charge impor-»tante, qu'il faut exercer avec honneur : je »me propose de donner tout mon temps à »mon devoir : Un Magistrat auteur, s'il »ne l'est comme *Montesquieu*, ou com-»me *Henault*, est aumoins un Homme »ridicule. Et cependant, il l'est moins »qu'une Femme-auteur. Sacrifions-nous »mutuellement toute espèce de gloriole. »Vivons en bons Citoyens, moi, dans ma »place, vous comme épouse. Il ne faut »pas qu'une Mère-de-famille soit plus bril-»lante en esprit, qu'il n'est decent à une »Femme honnête : c'est le mot de Sal-»luste, en parlant de la trop celèbre Sem-»pronia. Le plus tendre amour, le plus »parfait attachement, un devoûment sans »mesure vous donnent cet avis ».

En - achevant de lire, Élise prit une plume, & repondit :

»Vous êtes du même sentiment que mon »Père ; je suivrai vos intentions à tous-»deux ».

M. De-Vauviard accourut auprès de son Épouse : —Quoi ! (lui dit-il) votre Père pense de la sorte ! —Oui ; c'est contre son sentiment que je fesais la savante. —Hâ ! je vais le respecter & l'aimer au-double ! c'est un vrai philosophe, & sa façon-de-penser est absolument la mienne— !

☞ L'esprit des Filles doit se borner à être doux, liant, amusant : La science, la morgue, l'importance, la dureté, sont en elles des vices contre nature. Tenir un Musée, aler au *Licée*, si ce n'est à celui *des mœurs*, faire des Livres, c'est, pour une Fille, apostasier son sexe & la pudeur.

Sujet de la Figure du *Cinq. Exemple.*

Victoire à côté de son Oncle, & sur les genoux de sa Tante : Cette Dernière lui montre M. De-la-Flotille, qui lui dit :

»—Mademoiselle, un Honnête homme parle « dabord aux Parens. »

V Exemple :

La Fille recherchée par un Amant-honnête.

Une marque certaine à laquelle les Parens, & même les Jeunes-personnes reconnaîtront qu'un Amant sera bon Epoux, c'est lorsque sa conduite annonce la plus grande attention à conserver pures les mœurs de la Fille qu'il recherche ; lorsqu'il semble éviter de lui parler de sa passion, & de la lui faire trop vivement partager.

Les Livres produisent souvent du bien, & rarement du mal : Le Lecteur goûte le bon Livre ; il est transporté, ravi, désire d'imiter, & toujours imite en partie ce qu'il a-lu : aulieu que juge sevère, il fait justice du Livre immoral, exprimât-il ses vrais sentimens : C'est qu'on aime autant à être regenté par un Livre, dont l'Auteur est inconnu, qu'on deteste la reprimande personnelle.

La-Flotille, Jeune-homme de vingt-huit-ans, n'avait encore osé s'unir à une Femme : Il avait des craintes, des idées effrayantes sur le mariage, lorsqu'il lui tomba fous la main un Livre (*Le Nouvel-Abeillard*), dans lequel il rencontra une hiftoire intitulée *L'Amour-Muet*, qu'il lut avec la plûs grande avidité.

Le Jeune-homme fut enchanté de trouver dans le Heros de l'hiftoire qu'il venait de devorer, fes craintes, fes idées, les projets qu'il avait quelquefois formés. —Je veux fuivre la même route (penfa-t-il); du moins autant que la difference des circonf-tances me le permettra-. Il chercha dans toutes fes Connaiffances, & ne trouva rien: car par une difposition admirable de la Providence, il femble que le plûs-fou-vent, il faut que notre bonheur vienne du hasard. Ce fut dans une maison in-connue, que De-la-Flotille decouvrit une Jeune-perfonne charmante, & telle qu'il la desirait. Elle était fille d'un Nego-ciant de Nantes, & fortait-de fa Province: fon Père, veuf depuis deux mois, l'avait amenée à Paris chés une Sœur de fa Femme, épouse d'un Notaire, riche & fans Enfans: Ainfi la Jeune *Victoire La-balme*, à quinze ans qu'elle accomplif-fait, avait l'efperance d'une fortune con-fiderable, quoiqu'elle eût deux Frères dans la marine, fes aînés de plus de quinze-ans: mais ils étaient d'une autre Mère, & celle de Victoire avait apporté une dot confiderable. La - Flotille, en fesant quelques informations, decouvrit tout cela : son amour ne contraria pas ses interêts, & c'est toujours un avantage.

Pour avoir entrée chés le Notaire, & connaître parfaitement Celle dont il voulait faire sa compagne, il étudia les habitudes de l'Oncle, & parvint à se-trouver souvent avec lui, soit au spectacle, soit au *Palais-royal*, où il alait se delasser. Ce fut aux *Variétés* qu'il lia conversation avec lui, & qu'il tâcha de s'en faire goûter : Depuis ce moment, ils se rencontrèrent partout, & M. De-la-Flotille fit tant de prevenances au Notaire, qu'enfin ce Dernier lui donna rendez-vous aux *Français*, pour le lendemain. Il voulait montrer son nouvel Ami à sa Femme, avant que de l'amener à la maison : M. De-la-Flotille joignit le Notaire, qui l'attendait pour le conduire auprès de son Epouse & de sa Niece, dans leur petite loge : Son air, ses manières polies, ses discours où tout respirait l'honnêteté, le firent goûter de la Dame, qui trouva le moment de dire à son Mari de l'amener souper. C'est ainsi que La-Flotille fut introduit dans la maison.

Vu de près, il acheva de se faire estimer, avant même que l'on connût sa naissance & sa fortune : il ne voulait en parler, qu'interrogé formellement. Sa conduite avec Victoire était règlée fur le Modèle, qu'il voulait imiter, d'après la lecture de *l'Amour-muet* : Il lui marquait les égards dûs à la Fille de la maison; mais il deguisait l'empreffement que devait naturellement exciter une Jeune-perfonne charmante : Il ne cherchait jamais à lui parler en particulier : Lorfqu'il la regardait, ou qu'il lui adreffait la parole devant le monde, il moderait le feu de fes yeux, & les contraignait à n'exprimer que de l'indifference. Car il avait pris de l'amour, dès qu'il avait connu l'aimable Victoire.

Cette Jeune-perfonne était une blonde agreable; fes traits avaient de la douceur, & un certain charme dont on ne pouvait fe defendre; fes yeux furtout annonçaient la plûs belle âme. Cependant cette aimable Fille n'était pas fans defauts : Louée par tout ce qui l'environnait, elle commençait à prendre de l'orgueil, à devenir un-peu coquette; elle avait quelquefois le ton decidé : Ces imperfections effrayèrent d'autant plûs M. De-la-Flotille, qu'il commençait à f'attacher davantage.

Un-jour, qu'il avait dîné à la maison, il attendit que Victoire fortît un inftant, pour tenir au Notaire & à fon Épouse

le difcours que voici : —Monfieur &
Madame, j'ai pour vous la plus tendre
amitié, la plus haute eftime, & le refpect que vous meritez d'infpirer : Cependant une chofe me fait de la peine....
(Ici le Notaire & fon Epouse firent un
mouvement de furprise): Vous m'avez-
accordé votre amitié, l'entrée de votre
maison, votre familiarité, votre table:
vous avez chés vous un Depôt facré,
une Nièce, que vous aimez comme votre
Fille, & qui le merite: Cette confideration
feule devait vous rendre très-circonfpects
avec un Homme de mon âge : Vous ne me
connaiffez pas ? —Mais, Monfieur (interrompit le Notaire), pardonnez moi ;
vous êtes facile à connaître ...... vos difcours ...... votre conduite ...... —Un
Fourbe pouvait vous en imposer avec
tout ce que vous avez-vu de moi. —Non,
Monfieur ; un Fourbe fe dement dans quelque chofe, & jamais vous ne vous êtes
dementi. —C'eft que ma conduite avait
mes fentimens pour base. Je fuis confeiller au Parlement de ** : j'ai quarante-
mille livres de rentes : mon nom de Famille eft ***, que vous connaiffez. —Oui,
Monfieur, & votre Perfonne auffi : Vous
êtes generalement eftimé: Quoi! c'eft
Monfieur *** qui a bien voulu devenir mon
ami! —Votre amitié m'honore, Mon-

fieur, & mon but eft de la fortifier par une
alliance :　　Je vous demande votre aimable Nièce en mariage ?　—Je ne me ferais
pas doutée, monfieur, que vous fuffiez
amoureus de ma Victoire ! (dit la Tante
avec effufion).　—C'eft, madame, que j'ai
des principes très-differens du commun des
Hommes :　J'aime m.lle votre Nièce ,
ou plutôt je l'adore ; elle eft effencielle
à mon bonheur ; mais je l'aime folide-
ment : Je veux la rendre heureuse & tendre , en confervant dans fon cœur toutes
les vertus qui lui font naturelles.　Je
ne me ferais pas encore declaré ; mais
je vois quelque danger pour elle ; je m'a-
perçois que les Adulateurs font prêts à
porter atteinte à ce naturel heureux ,
& je veux la preferver de ce malheur ;
je defire de me former en elle une Compagne , telle que je l'ai-imaginée. Pour
cela , voici mes moyens :　Je l'adore ;
je vous l'ai-dit ; mais je ne le lui dirai pas ;
je ne lui parlerai qu'avec raison , politeffe
affectueuse, & refpect ; jamais avec paffion.
Je vous prie de lui annoncer que je ferai
fon mari , fi vous me trouvez digne
d'elle : D'après cela , ma conduite fera
celle d'un Homme qui l'eftime, qui la
met audeffus de toutes les autres Femmes, mais qui ne parle jamais d'amour.
—Monfieur (dit la Tante) , vous me

raviffez ! vous êtes un Homme unique ! Nous vous laiffons le maître, & je ne me reserve, que de ne pas manquer à cette prudence, que vous venez de nous recommander. —Puifque vous m'agreez, madame, je vous fupplie d'écarter tous les Adulateurs; *D'Orfanville, De-Marolles, De-Chimerac, De-Florancour,* dont la converfation fuperficielle eft très-dangereuse pour une Jeune-perfonne ! Je vous demanderais encore le facrifice de ce vieux Payeur-des-rentes ; il n'eft pas dangereux par lui même, mais fes expreffions cyniques bleffent des oreilles delicates, & prefentent à l'efprit de vilaines images. —Tout ! tout ! nous vous accordons tout ! (f'écria la Tante); vous nous êtes plus agreable & plus cher que tout ces Gens-là-. Le Notaire f'exprima encore plus fortement, & il fut convenu que M. De-la-Flotille ferait le feul qui parlerait à m.^{lle} Labalme.

Victoire rentra dans ce moment. Sa Tante, qui était enchantée du Parti qui fe proposait, l'embraffa, la retint fur fes genoux, & lui fit mille careffes. —On te demande en mariage, lui dit-elle enfin, après avoir-confulté des yeux fon Epoux & M. De-la-Flotille : Cela te fera-t-il de la peine ? —Oui, ma chère Tante : Je ne veux pas vous quitter. —Hé-bien nous remercîrons...... mais pas tout-à-fait...... Veux-tu favoir, qui te demande ? —Non ! non, ma chère Tante (dit vivement l'aimable Fille) (*bas*) furtout devant Monfieur. —Pourquoi, devant Monfieur ? C'eft notre meilleur Ami ! —Hâ ! ma Tante ! je vous l'avais dit tout-bas ! —Si c'était Monfieur qui te demandât ? —Oui ; mais ce n'eft pas Monfieur. —Quî voudrais-tu donc que ce fût ? —Hâ ! Perfonne, Perfonne ! —Pas-même Monfieur ? —Je ne dis pas cela. —Que dis-tu donc ? —(*bas*) Comment me demanderait-il ? Jamais il ne m'a dit un-mot ! —Comment ! *jamais il ne t'a dit un mot !* —Hô ! (dit Victoire en fe depitant), je ne parlerai plus bas. —C'eft Monfieur, ma chère Fille, qui te fait l'honneur de te demander : nous n'avons d'autre objection que ta jeuneffe ; ainfi nous attendrons que tu fois plus avancée, & que tu aies un fentiment. —Mademoiselle (dit alors M. De-la-Flotille), un Honnête-homme parle dabord aux Parens ; c'eft un menagement qu'il doit à la pudeur-. Victoire rougiffait, & baiffait fes beaux yeux : le fon de fa voix devint plus doux & mal-affuré : On lut dans fon cœur, trop naturel encore pour fe deguiser, & on ne l'interrogea plus.

Depuis cet inftant, M. De-la-Flotille

vit tous les jours m.^{lle} Labalme: Mais il était furveillé, fans qu'il f'en doutât. Sa conduite fut telle qu'il l'avait annoncée. Il ne fe contenta pas de ne point employer les adulations ordinaires des Pretendus, qui mettent toute leur adreffe, pendant qu'ils font amans, à donner à leur Maîtreffe des idées, qu'ils feront defefperés de leur trouver quand ils feront maris; il commença par reparer les ravages deja commencés: Il employa pour cela des lectures; *Pamela, Grandiffon*; il donna enfuite le *Nouvel Abeillard*, & quelques autres ouvrages, qui vont directement au but: Sa conduite fit le refte: Elle était refpectueufe, mais de telle manière, qu'il fesait entendre à Victoire, qu'il refpectait fa pudeur & fon ignorance comme facrées: Il ne parlait jamais de fa Perfonne, & toujours de fa vertu, quand il voulait exprimer l'extrême confideration qu'il avait pour elle. Il ne negligeait en-outre aucun moyen de paraître aimable; les attentions delicates, les louanges meritées par des choses vraiment louables, les prefens convenables à fa fituation; les parties de-plaisir, telles qu'elles devaient être alors; & relativement à lui-même, le foin de ne rien avoir, de ne rien faire qui ne plût. Auffi fut-il aimé. Il eft vrai qu'il avait plu dabord, & que de tous les Afpirans, il était le feul dont la demande en mariage n'avait-pas-effrayé Victoire : Mais cette preference n'était pas encore de l'amour : elle devait le devenir ; & quand Victoire éprouva ce tendre fentiment, voici comme la Tante f'en aperçut.

Un-jour M. De-la Flotille était auprès de Victoire, à laquelle il racontait une bonne action qu'il venait de faire : —Ma belle Amie (lui disait-il), le temps fixé par vos Parens pour notre mariage approche ; il faut fe difpofer à cet état faint par de bonnes-œuvres : Je viens de trouver, dans la rue *de-l'Ourfine*, une pauvre Femme veuve avec huit Enfans, fans pain : J'ai penfé que pour attirer fur nous la benediction du Ciel, je devais me charger des cinq Enfans, qui font les plûs-jeunes : l'Aînée des Filles à douze-ans, & malgré la mifère, elle n'eft pas mal ; les deux Autres ont un & deux ans de moins : j'ai promis de vous les recomander : elles font de votre fexe ; elles vous interefferont. —O! Monfieur! que je vous fuis obligée de me faire partager votre bonne action! —Je me ferais bien chargé de toute cette petite Famille ; mais il faut que tout nous foit commun ! —Je ne veux pas differer, monfieur : parlez-en à ma Tante ; alons-y tous-trois, ou amenez-les moi. —Je vous repons de fon aveu : Partons ?... Voulez-
vous

vous vous confier à moi ? —Oui, de tout mon cœur : vous l'avez, je puis bien vous confier ma Personne : mais Celle qui doit être votre femme, ne peut se permettre une demarche libre : demandez-le à ma Tante-? M. De-la-Flotille lui baisa la main, & courut chercher la Tante, qui voulut bien les accompagner.

Victoire trouva le spectacle le plus touchant : On voyait sur le visage de la Mère, que l'esperance commençait à ranimer, cette aurore d'espoir & de joie, qui donne aux Malheureux depuis longtemps un air de renaissance, fait pour parler au cœur : Ses Enfans n'étaient plus accâblés de besoin ; mais leurs physionomies fatiguées exprimaient autant que leur vive reconnaissance & leurs souffrances passées, & la grandeur du peril auquel on venait de les arracher : En-voyant leur Bienfaiteur, ils poussèrent un cri-de-joie: Ils ne l'environnèrent pas, mais ils le regardaient avec avidité. Victoire ne parut qu'un instant après lui : sa presence les interdit dabord, quoiqu'il la leur eût annoncée: mais l'air bon de Victoire, sa beauté, les caresses qu'elle fit aux petites Filles, ce qu'elle proposa pour elles, lui donnèrent bientôt toute la confiance, & ce fut sa chaise qui fut environnée de toute la pauvre Famille. —Hâ ! mon bon-

I Vol.   K

heur eſt certain! (dit M. De-la-Flotilie à la Tante de Victoire); elle eſt ſenſible, vraiment ſenſible! l'inſtinct le dit à ces Enfans; ils la prefèrent à nous! —Oui! (dit la Tante attendrie), & c'eſt vous qui me faites connaître la bonté de ſon cœur!

Victoire ſe chargea des trois Filles; elle les éleva chés elle, & leur fit apprendre ce qu'il falait qu'elles fuſſent, comme coîfer, travailler en linge, en modes; elle travailla elle-même avec elles; ces Jeunes-perſonnes furent ſa ſocieté, en attendant celle de ſes Enfans.

Il y a aujourdhui dix ans qu'elle eſt mariée; elle a quatre Garſons & deux Filles. Son menage eſt le plus heureux qui ſoit au monde, parce-que ſon Mari, à l'imitation de ſon Modèle, n'a pas gâté l'eſprit & le cœur de ſon Epouse avant le mariage.

☞ Rién de plûs aisé pour les Parens, que de juger l'Homme qui recherche leur Fille : S'il reſpecte les mœurs, l'innocence de ſa Maîtreſſe; ſ'il ſ'étudie à la rendre raisonnable, ſenſée; ſ'il ne l'adule pas; ſ'il cache une paſſion impetueuse, pour ne montrer que la tendreſſe & l'eſtime, il ſera bon mari: Dans le cas opposé, tremblez, Parens! tremblez, Filles imprudentes!

VI Exemple.

La Fille recherchée par un Fat.

Sujet de la Figure du *Sixième Exemple.*

Le Fat marchant à côté de Sophie, devant un
grouppe de ses Camarades, dans les *Tuileries,*
près le baffin octogone : Il a cet air avantageux,
qui dit, *Elle eft à moi :* Un des Jeunes-gens
s'écrie :

» Ce Faquin-là eft plûs heureus qu'un Honnête-
» homme »-

Jeunes-perfonnes, lorfqu'un Amant fe
cache de vos Parens, pour vous aimer;
ou qu'il tâche de bleffer votre pudeur;
ou qu'il vous annonce qu'après le mariâge
il ne gênera pas vos goûts, vos fantaisies;
quand il vous affure qu'il ne fera pas jalous,
qu'il ne vous épiloguera pas, ... defiez-
vous de lui! c'eft qu'il n'a pas de
mœurs ; & f'il ne veut pas vous tromper
fille, furement il vous rendra malheureuse femme.

Une Jeune-perfonne charmante, ayant
toutes les qualités, toutes les vertus,

cherie de son Père, en-un-mot, faite pour être heureuse, fut demandée en mariage par un Jeunehomme charmant, dont la figure, la naissance, la fortune ne laissaient rien à desirer. M. *De-Vaufranc* n'avait-pas d'objection contre ce Parti: Cependant le Jeune *De-Lapointe* ne lui plaisait pas: mais comme il ne pouvait s'en donner de raison à lui-même, & qu'il était un Homme sensé, un-jour il dit à sa Fille: —Ma chère Enfant, c'est pour toi que tu vas te marier: examine ton Amant avec attention: Il s'agit de ton bonheur, de ton repos, de ta vie même: Ce Jeune-homme ne me plaît pas: mais je me ressouviens, que ma Sœur-aînée a été parfaitement heureuse avec un Homme qui deplaisait à mon Père. Je t'aime pour toi-même; si M. De-Lapointe te rend heureuse un-jour, sans-doute que je l'aimerai: Un caprice injuste peut se trouver en moi; mais certainement il ne-sera pas écouté, sans examen: C'est à quoi la raison doit nous servir; elle distingue l'Homme des Brutes, en ce qu'elle lui fait surmonter ses degoûts naturels, & cette victoire le conduit quelquefois à une felicité inesperée: C'est que la raison est la perfection de l'instinct, & qu'elle est aussi naturelle que lui. Tu es donc parfaitement libre: je serais très-fâché, que le sentiment que je viens de te decouvrir gênât ton choix, & j'espère de ton amitié pour moi, que tu apporteras tout le soin possible, à faire le bonheur solide & durable de ce que j'ai de plus chèr au monde, de ma Fille-.

Sophie De-Vaufranc repondit, avec l'attendrissement de la reconnaissance, à la genereuse tendresse d'un aussi bon Père, & lui promit d'être prudente. En-effet, à la première visite que lui rendit M. De-Lapointe, elle étudia ses manières, ses sentimens, son caractère surtout. Il lui parut un Jeunehomme ordinaire, & elle n'aperçut rien en lui qui la choquât.

Quelques mois s'écoulèrent: Sophie se tenait sur la reserve, comme le doit une Fille honnête: Son Amant paraissait empressé; il ne se contentait pas de la voir chés elle, il guettait les occasions de la rencontrer aux promenades, aux spectacles. Tout cela était fort naturel ! Sophie était charmante. Un-jour, il la joignit aux *Tuileries,* qu'elle traversait avec une Enfant de onze-ans, fille de la Cuisinière, que Sophie prenait toujours avec elle, lorsque la Mère ne pouvait pas l'accompagner. M.ᴵˡᵉ De-Vaufranc ne vit pas d'inconvenient à traverser une promenade publique, avec l'Homme qui l'avait demandée en mariage à son

Père : Cependant elle refusa de lui donner le bras ; mais avec politeſſe ; elle
lui dit, Que Perſonne, ne donnait le
bras dans le jardin, & que ce ſerait une
ſingularité. De-Lapointe marchait à côté
d'elle ; il ſ'admirait ; il obſervait ſi l'on
enviait ſon bonheur, qu'il tâchait de
rendre visible, par un air de familiarité,
de propriété-même : (Jeunesperſonnes !
voyez combien vos Mères ſont prudentes,
lorſqu'elles ſ'opposent à des entrevues,
à des parties trop familières, même
avec l'Epous qu'elles vous deſtinent !)
Il tâchait ainſi d'afficher Sophie, trop
jeune & trop peu experimentée pour
ſ'en apercevoir.   Il eut enfin la ſatiſſaction qu'il desirait : Aux environs du
baſſin octogone, il decouvrit un Groupe
de Jeunes-gens de ſa connaiſſance impudens comme lui.   Alors il redoubla de hardieſſe ; ſon air ſemblait dire : *Elle eſt à moi :*
—Hâ! (ſ'écria l'Un de ces Jeunes-fous,
voila De-Lapointe! Quelle eſt donc cette
Nymphe charmante, qu'il mène en triomphe? —C'eſt... Mlle De-Vaufranc (repondit Un-autre).   —Ce Faquin-là (dit
un Troisième), eſt plus heureus qu'un
Honnête-homme ! —Elle eſt adorable
enverité !   —Mais il eſt ſingulier qu'elle
ſoit ici avec ce Mauvais-ſujet là-!... C'eſt
tout ce que Sophie put entendre.   Elle

obferva De-Lapointe : il nageait dans une joie d'orgueil & de fatuité ; le dernier trait furtout l'avait fait rougir de plaisir : Il était comblé de ce qu'on f'imaginait que Mlle De-Vaufranc était venue avec lui au jardin, & que c'était une partie. Sophie, à-demi-éclairée, fentit qu'elle venait de commettre une imprudence : Elle pria ferieufement M. De-Lapointe de la quitter. Il n'avait garde d'en rien faire ! Il tergiverfa, fortit du jardin avec elle par le pont-tournant, lui fit prendre les parapets de la place, pour la conduire à la voiture qui l'attendait, & ne f'éloigna, que lorfqu'il fut fûr de ne pouvoir plus être vu du Grouppe. Il ne rentra pas aux *Tuileries* ; il ala fe renfermer chés lui, afin qu'on ne pût dire, qu'il avait quitté Mlle De-Vaufranc, & f'ennuya tout le refte de la foirée ; car un Fat f'ennuie toujours feul.

Le lendemain, qu'il avait attendu avec impatience, il fe trouva au *Palais-royal*, avec fes Bons-amis de la veille. —Tu n'es pas malheureux ! Où alais-tu donc hier avec la belle De-Vaufranc ? —Son Père m'avait chargé de l'accompagner au fpectacle. —Oui, fon Père ! —C'était l'Amour, qui l'en avait chargé (dit Un autre). Le Fat fourit, pirouetta, joua la diftraction, & f'éloigna.

Ce petit fuccès l'encouragea; il fe propofa d'arracher quelques faveurs, & de faire enforte qu'on le fût: Rien ne lui paraiffait plus facile; il n'y avait qu'à paraître audacieux, & fe laiffer voir. A la première occafion, où il fe trouva feul avec Sophie, le Fat fe hâta de paraître tendre; il fe mit à fes genoux, & lui voulut baifer la main : Elle la retira vivement : Mais comme le but du Fat n'était que d'être-vu, & de pouvoir donner des idées de familiarité, il ne f'étonna pas, & devint plus hardi. Sophie effrayée, appela la petite *Charlote*, fa Femme-de-chambre, qui venait de la quitter. Cette Enfant accourut : Alors De-Lapointe joua l'étonnement, la confufion; demanda mille pardons de fa temerité; verfa des larmes, en un-mot, fit tant de chofes, qu'il aurait-donné lieu de foupçonner les plus grands attentats. Charlote & Sophie elle-même le regardaient avec étonnement : La Tante de Charlote arriva : C'était ce que le Fat demandait : il continua devant-elle, la pria d'interceder pour lui, f'excufa fur la violence de fon amour, & fortit avant que Sophie eût encore repondu un mot. La Bonne n'ofa l'interroger, & fe retira très-affligée. Elle crut devoir parler à m. De - Vaufranc. Ce bon Père voulut f'expliquer avec fa

Fille, avant de prendre un parti. Il fut longtemps à se persuader, qu'elle lui deguisait la verité, malgré le temoignage de Charlote, qui n'avait été absente que très peu de-temps. La maison fut interdite à De-Lapointe, qui ne manqua pas de jouer le desespoir, & d'employer tous les moyens romanesques pour voir Sophie: mais comme elle ne s'y prêta pas, ces ridicules moyens furent inutiles. Cependant l'avanture fit du bruit, & le Fat en fut comblé: mais son triomphe était aux depens de la reputation de Sophie: On la regarda dans le monde comme une Jeune-imprudente; & cette Fille charmante, sur laquelle auparavant les meilleurs Partis de sa condition jetaient les yeux se vit reduite à n'avoir-plus à choisir qu'entre le Couvent, & De-Lapointe.

M. De-Vaufranc ne put ignorer les efforts multipliés & bruyans du Fat, pour voir sa Fille: Il lui fit dire, de ne paraître qu'avec ses Parens. C'était ce que De-Lapointe demandait. Il avait fait assés de bruit; il n'était pas fâché d'obtenir Sophie, dont la beauté l'avait frappé, (car la beauté ne touche que les Cœurs vertueux & sensibles): mais comme il n'ignorait pas le coup qu'il avait porté à la reputation de Mlle De-Vaufranc, il resolut de se faire valoir auprès du

Père, homme respectable, que De-Lapointe esperait mener, parcequ'il était
bon, surtout avec m.^{lle} De-Vaufranc Les
Parens du Fat vinrent demander Sophie :
Le Jeunehomme parut un instant après,
mais d'un air si avantageux, que Sophie
en fut blessée, & son Père indigné. Dans
l'aprèsdînée, on le laissa parler en particulier à sa Maîtresse.

Dès qu'il se crut libre de lui adresser la parole sans être entendu, il se
hâta d'en profiter. —Mademoiselle (lui
dit-il), je vois qu'on nous destine l'Un
à l'Autre : Vous êtes jeune, & j'ai plûs
d'experience que vous ; qu'il me soit permis de vous detailler mes vues, mes
projets, pour notre conduite en menage.
Le mariage est une dure chaîne, qu'il
faut tâcher d'alleger ! C'est ce que je ferai
de mon côté, comme je vous prie de le faire
du vôtre : N'alons pas nous rendre mutuellement esclaves ; qu'une aimable liberté
nous rende à la nature, dont la contrainte &
les prejugés de l'éducation nous ont-écartés.
Vous êtes belle, vous êtes une rose à peine
éclose, qui avez à esperer une longue suite
de beaux jours : Je commence par vous
declarer, que les premices m'en appartien-
nent : Mais c'est tout : Après que vous
aurez rempli cette obligation, vous re-

prenez vos droits fur vous - même ; je
reprens les miens fur ma Perfonne, &
nous fommes libres. Nous ferons deux
amis, mais non deux époux mauffades.
Je veux qu'à cet égard, ma conduite
ferve de modèle, & qu'à l'avenir elle
foit le Code de tous les Epoux raifon-
nables. Mon amitié pour vous, quand
je ne ferai plus votre amant, fera fi
effencielle, fi folide en tout, que vous
y trouverez des reffources inconnues :
J'en-efpère autant de vous. Au lieu de
ces querelles fcandaleufes des mariages
vulgaires, on verra dans le nôtre l'entre-
fupport, un zèle, une ardeur à nous
defendre, à repouffer la medifance à
laquelle nous donnerons lieu, qui nous
feront le plus grand honneur dans le
monde. Comme nous y-ferons les plus
intereffés, tout le monde nous croira
innocens, lorfque vous pour moi, moi
pour vous, nous nierons les torts qu'on
nous prêtera. C'eft une chaîne de fleurs
que je vous propofe, mademoifelle ;
Dès que nous aurons deux Enfans, nous
ferons libres : Vous aurez votre chés
vous, votre revenu ; nous partagerons :
j'aurai les deux-tiers, & toutes les charges ;
vous le tiers fans charges ; parce - que
mon devoir, à moi, comme mari, eft
d'avoir le fardeau des embarras exterieurs,
des reparations à faire, des dettes à payer,

&c. Votre tiers net vous fervira pour vos foupers, vos habits, votre jeu : Vous recevrez chés vous qui vous voudrez : Lorfqu'il vous plaîra de me charger d'informations fur le compte de vos Connaiffances nouvelles, je les ferai avec le plus grand zèle, & furtout le plus grand plaisir-...... Le Fat De-Lapointe ne put en dire davantage : M. De-Vaufranc, qui fe mefiait, & qui avait tout-entendu, appela fa Fille.

—Que penfez vous de votre Pretendu ? (lui dit-il, lorfqu'ils furent feuls). Sophie n'était pas affés éclairée, pour comprendre les vues de fon Amant ; elle les avait trouvées très-fages, & elle en parla fur ce ton à fon Père. M. De-Vaufranc voulut voir, fi fa Fille les goûtait, ou fi elle n'en voyait que l'écorce. Il eut tout lieu d'être fatiffait ; Sophie ne voyait dans le plan de fon Futur, qu'une marque de bonne-volonté ; elle était loin d'entrevoir ce qu'il pretendait, & la conduite coupable qu'il lui proposait de mêner un-jour, lorfqu'il n'aurait plus de goût pour elle ! M. De-Vaufranc reprit toutes les parties du fyftème de Lapointe ; il en montra clairement à fa Fille le fens & le venin. Sophie était vertueuse ; elle fut effrayée ; & fes alarmes qu'elle ne cacha pas à fon Père, devoilèrent toute l'innocence de fon cœur. M. De-Vaufranc

voulut favoir la verité, relativement à la fcène qui lui avait fait éloigner De-Lapointe,
& il la fut.   Alors, il le menagea moins,
il l'attaqua dans le cœur de fa Fille, &
tâcha de l'en chaffer. Mais Sophie aimait :
Elle affura, les larmes aux yeux, à fon
digne Père, qu'il lui fuffisait d'être inftruite; que le danger n'exiftait plus pour
elle; elle ajouta qu'elle efperait de ramener
à la vertu l'Homme qu'elle aimait, &
qu'elle le croyait digne de la goûter.
M. De-Vaufranc fe laiffa gâgner; il con-
fentit au mariage, quoiqu'à-regret.

Sophie mariée, eut dabord lieu de f'applaudir : Son Mari l'adorait, & fon
amour était reel : mais ce n'était que
de l'amour fans tendreffe; il faut un
cœur pur & vertueux, pour éprouver ce
dernier fentiment, qui diftingue l'Homme
de la Brute : A peine eut-il un Fils, qu'il
voulut realiser fes projets : —Non, non,
lui dit Sophie : Je vous fuis attachée; votre
bonheur fera mon ouvrage, fi vous me
le laiffez faire : ne vous y opposez pas !
c'eft tout ce que je vous demande.
—Quoi! je fuis marié comme tout le monde! (f'écria le Fat) : Quoi! ma chaîne eft
de fer!.... Hâ! vous me rendez furieux,
madame, furieux comme les Tigres qu'on
enchaîne! Laiffez-moi libre, & prêtez-
vous aux arrangemens que j'ai-proposés-.
Il tint parole; ce fut le plus mechant

des Hommes. Sophie confulta fon Père : On fit un arrangement, & les deux Epoux fe feparèrent. Sophie eſt aujourdhui feule avec fon Fils & une Fille, qu'elle a eue la feconde année : Il y a fix ans qu'elle n'a vu fon Mari, quoiqu'ils foient tous-deux dans la même ville : Monſieur De-Vaufranc, qui connaît parfaitement fon Gendre, prefère cette feparation volontaire, à une union, qui eût exposé les mœurs de fa Fille.

Tout ce que les Egoïſtes de nos jours regardent comme un abus dans les usages antiques & refpectés, dans nos lois, dans nos mœurs, eſt la fauvegarde de la vertu : fi l'on f'en écarte, fi deux Epoux ceſſent d'être étroitement unis, pour f'opposer au vice, ils font entraînés par le torrent, & fe perdent comme tant d'Autres.

☞ Aimer un Fat, c'eſt fe preparer l'humiliation la plus outrageante, ou f'expoſer à la depravation des mœurs.

Sujet de la Figure du *Septième Exemple.*

Aglaé fur le Boulevard *Saintantoine* avec fa Mère, qui obſerve fi l'on remarque fa Fille : La Dame apperçoit un Jeunehomme qui les fuit de loin, toujours à la même diſtance :

» Ne t'enorgueillis pas ! c'eſt peut-être un » Libertin ».

VII Exemple :

La Fille sans Amant.

La Veuve d'un chevalier de Saint-Louis était restée seule à Paris avec une Fille unique, âgée de onze-ans. Cette Dame n'était pas riche ; mais elle jouissait d'une honnête-aisance, que l'économie la mieux entendue assurait à jamais. La parure de la Mère & de la Fille, sans être recherchée, était propre & seyante : C'est que la Mère était d'une Famille bourgeoise ; son Mari l'avait épousée par inclination à-cause de sa beauté, de ses excellentes qualités, & d'une vertu à toute épreuve. La Comtesse (car elle avait ce titre), en se voyant veuve, ne s'occupa que de l'éducation de sa Fille, dont les traits charmans promettaient une beauté complette. Elle vivait très retirée, par plusieurs raisons, à-cause de sa Fille qui commençait à grandir, & pour elle-même, qui avait encore de la jeunesse & de la beauté : Depuis son veuvage, des Gens qui se croyaient audessus d'elle, mais qui la respectaient du vivant de son Mari, s'étaient émancipés dans leurs difcours, & la Comteffe fe reftreignit à ne plus voir que fa Famille. Cette conduite, le peu de fortune des Militaires, furtout lorfqu'ils ont fait un mariage d'amourette, firent regarder la Comteffe comme très-pauvre : Ainfi les Partis de la Nobleffe ne fongèrent pas à fa Fille, & ceux de la Bourgeoisie trouvaient dans l'air & dans le titre de la Comteffe, un porte-refpect qui les éloignait. Ce n'eft pas qu'elle fût fière ; fi elle f'en était crue (elle f'en expliqua fouvent), elle aurait preferé les mœurs à la naiffance : mais elle fe regardait comme la depofitaire de l'Heritière de fon Mari ; d'une Fille qui tenait à de grandes Maisons, dont la fucceffion pouvait un jour lui tomber ; il y avait même de fortes apparences, pour l'heritage d'un Grandoncle : ces raisons lui fesaient une loi de ne donner fa Fille qu'à un Gentilhomme qualifié. Enfin un troisième motif éloigna les Partis : Aglaé avait les mains belles ; fa Mère, qui l'idolâtrait, pour les lui conferver, lui fesait toujours porter des gants : Une Fille-de-modes du voisinage, qui avait les bras & les mains gâtés par une maladie, dont le nom même blefferait les oreilles delicates, portait auffi toujours des gants : cette Fille avait une Mère, qui

trouva confolant de fuppofer à Mademoifelle *D'Angleville*, la même imperfection
qui deformait les mains de fa Fille : fans
autre preuve, elle le dit, elle le publia,
& ce bruit fe repandit, f'accredita au point
que Perfonne ne f'avifa d'en douter. La
Comteffe d'Angleville ignorait tout cela,
& ne fit rien pour en defabufer.

Cependant Aglaé grandiffait : Elle
parvint à l'âge de vingt-ans, fans qu'aucun
Homme lui eût dit un mot, ou parût
fonger à elle. Ce n'eft pas qu'elle n'eût
fouvent reçu des complimens dans les
rues, ou dans les promenades; elle était
belle, & plus appetiffante encore: mais
tout fe reduifait-là; on ne voyait pas
de Parti fe prefenter. La Comteffe en
était furprife! Elle difait quelquefois à
Une de fes Sœurs, mariée à un riche Bou-
cher : —Mais, eft-ce que je m'abufe
fur la figure de ma Fille? je la trouve
charmante ? ferait-ce parceque je la cheris
comme mère, que je la vois fi belle ?
—Vous ne vous trompez-pas : Votre
Fille eft la plus aimable Perfonne que je
connaiffe; il n'y a qu'une voix là-deffus.
—Si cela eft, d'où vient donc, qu'à vingt
ans accomplis, avec quelque bien, des ef-
perances, une jolie figure, une reputation
fans tâche, de la nobleffe, puifqu'elle
a celle de fon Père, d'où vient donc

n'a-t-elle encore été demandée par aucun Parti, pas même par un Roturier-? La Sœur de la Comtesse ne put lui donner de raisons; elle n'en savait pas encore: mais dans la journée, ayant dit la même chose dans sa société, on lui fit entendre que sa Nièce avait les mains gâtées par les humeurs froides. —O Bondieu! s'écria la Sœur de la Comtesse! m.^{lle} Aglaé a les plus belles mains, les plus beaux bras qu'on puisse voir à une Jeune-personne de son âge-! On se mit à rire, & on ne la crut pas. La Tante d'Aglaé ne voulut pas rendre ces propos à sa Sœur, depeur de la mortifier. Il s'écoula encore deux ans, & la Jeune-personne en avait vingt-deux-& demi, sans qu'il se fut presenté Personne. La Mère était reellement affligée; elle voulait marier sa Fille, & la marier avantageusement, dans l'éclat de la jeunesse; elle savait, combien il est triste d'attendre trente ans dans l'état de fille. Ces idées l'affligeaient d'autant plûs, qu'elle ne voyait pas la moindre apparence pour l'établissement: un Parti, quel qu'il fût, même à refuser, aurait amusé son impatience: mais rien !......

Pour Aglaé, elle était fort tranquile! Heureuse avec sa Mère, elle ne desirait pas un changement d'état : car la Comtesse lui cachait ses alarmes & son inquiétude. La Jeune-personne voyait quelquefois du chagrin à sa Mère, & elle mettait toute son adresse à la consoler : mais plûs Celle-là paraissait tendre, & plûs Celle-ci devenait triste. La Comtesse s'accusait quelquefois d'éloigner de sa Fille les Partis convenables, par la bassesse de sa naissance, comparée à celle de son Mari. Telles étaient les circonstances où se trouvaient la Mère & la Fille, lorsqu'il leur arriva une avanture singulière.

Un jour d'été, qu'elles se promenaient seules, suivant leur usage, la Comtesse, plus triste qu'à l'ordinaire, observait tous les Hommes, relativement à sa Fille, tâchant de penetrer l'impression qu'Aglaé fesait sur eux. Elle remarqua enfin, qu'elles étaient suivies, toujours à la même distance, par un Jeune-Inconnu. Comme la Comtesse était la seule qui fît cette observation, elle en avertit sa Fille, en lui disant : —Observe-toi, ma Chère ! on s'occupe de toi : mais ne t'enorgueillis pas ! c'est peut-être un Libertin-! Le Jeune-homme était bien-fait, bien-mis, & paraissait entre vingt-six à vingt-sept ans. Il ne les quitta pas de vue jusqu'au soir, & la Comtesse le remarqua au coin de sa rue, lorsqu'elle rentra chés elle. Arrivée dans son appartement, elle ouvrit la croisée, & vit le Jeune-homme à sa porte. Il leva les yeux, aperçut les Dames, & paſſa. La Comteſſe le fit remarquer à ſa Fille, en lui demandant, Si elle ſe rappelait de l'avoir vu quelque part? —Oui, Maman! un-jour, en ſortant de l'église *Saint-Gilles*, je l'ai entrevu qui me regardait beaucoup! Je montai chés Mad. *De-Nouiſtan*, & je ne le revis plus. —Cela eſt ſingulier (diſait la Comteſſe).

Le lendemain, à l'heure de la promenade, elle ſortit encore avec ſa Fille: Le Jeune-homme fut auſſitôt ſur leurs pas: -Le voila! (dit Mad. D'Angleville): qu'eſt-ce que cela ſignifie? Je donnerais tout au monde, pour ſavoir quel eſt ce Monſieur, & quelles ſont ſes vues? — Que nous importe, Maman? Il faudra ſeulement ne pas rentrer tard-? La promenade continua, & le Jeune-homme ſe tint toujours à la même diſtance. On rentra, & la Comteſſe le vit encore à l'angle de ſa rue. Elle le fit remarquer à ſa Portière, femme très-bornée. —Ce Jeune-homme-là, Madame! il y a ſix mois que je le vois toujours-là, quand vous rentrez, & aubout de ſa rue, du côté du Boulevard, quand vous ſortez! Il eſt venu ici une-fois me faire des queſtions ſur Mademoiſelle; ſur ce que vous étiez, & ce que vous n'étiez pas? que ſais-je, moi?... Je lui ai dit, que vous étiez Mad. la Comteſſe d'Angleville: Que Mademoiselle votre Fille ne se mariait pas, parcequ'elle était de trop grande condition; qu'elle ne voulait point voir d'Homme, & qu'il n'y en entrait jamais chés vous, & que s'il s'y presentait, vous le feriez jeter par la fenêtre: N'ai-je-pas bien-fait, madame? Hô! je lui en ai bien ôté l'envie, alez!... Et-puis, je lui ai dit ce qu'on dit, quoique ça ne soit pas vrai, que Mademoiselle a les mains mangées-... Ici, la Comtesse interrompit la Portière, pour se faire expliquer ce que signifiaient ces mains mangées: & cette Femme lui donna les details les plus desolans; elle lui apprit même que Mad. sa Sœur avait defendu les mains de sa Niè-ce, mais qu'elle n'osait leur en parler. La Comtesse fut à-peu-près instruite d'une infinité de choses par sa Portière: Elle rentra, & vit encore le Jeune-homme.

Le lendemain, il suivit les Dames à leur sortie, comme il avait coutume. La Comtesse aurait bien voulu pouvoir de-cemment lui parler: la decouverte qu'il suivait sa Fille depuis six mois, excitait sa curiosité. L'occasion s'en presenta: Dans un instant où un Grouppe les cachait au Jeune-homme, il s'était avancé avec pre-cipitation; & la Comtesse qui s'était ex-près arrêtée, se trouva en-face de lui. Elle le fixa: Le Jeune-homme s'inclina mo-

deſtement.　La Comteſſe enhardie par-
là, eut l'air de lui vouloir dire un mot.　Il
ſ'avança :　—Madame, me ſerait-il permis...　—Monſieur, interrompit la Comteſſe, j'ai à vous parler-.　Le Jeune-homme lui preſenta la main, avec embarras :
—Madame, je reçois, avec reconnaiſſan-
ce, l'honneur que vous daignez me faire.
—Je voudrais ſavoir qui vous êtes ?
—Vous le dire, madame, eſt tout ce
que je deſire depuis longtemps-!　Lorſqu'ils furent à-l'écart, la Comteſſe reprit :
—Ma première queſtion va vous ſur-
prendre, monſieur : Pourquoi nous ſuivez-
vous depuis ſix mois ?　—Je vais dabord
me nommer, madame :　Je ſuis, le
Comte *de-Marvilliers :*　Il y a trois ans
que la paix ſ'étant faite, je ſuis revenu à
Paris, où ma Famille a un hôtel, quoiqu'elle demeure en province. Je devais
ne reſter ici que peu de temps, pour voir la
Cour, lorſque je vous aperçus, mada-
-me & mademoiſelle, dans l'endroit où
nous ſommes, & cette place eſt devenue
ſacrée pour moi...　Je ne ſavais pas quî vous
étiez, & je ne ſongeai guère dabord à m'en
informer : J'obſervai ſeulement, que jamais on ne voyait d'Homme avec vous,
ni chés vous.　J'en fus ſi flaté, que vous
croyant des Bourgeoiſes, je n'en eus pas
des vues moins honorables.　Je fus alors

que vous étiez la Veuve & la Fille d'un
Chevalier de Saint-Louis : cette decouverte me confirma dans mes idées. Je con-
tinuai de vous obferver, parce-que je ne
pouvais me marier encore. Enfin, il
y a fix mois, que j'ai appris une autre
circonftance, qui a fortifié mes fentimens,
& augmenté mon refpect : C'eft que mon
Père avait été le plus intime ami du feu
Comte votre époux. —Votre reponfe
monfieur, eft fatiffesante, à tous égards....
Aglaé, ôte tes gants : il fait une chaleur !....
(Les yeux du Comte fe fixèrent fur les
mains & les bras d'Aglaé !) —Vous aimez
tendrement votre Fille, madame ! Lorfque je vous vis pour la première fois, les
charmes de Mademoiselle ;..... votre air,
madame ; la tendreffe qui brillait dans vos
yeux pour votre adorable Fille, me frappèrent également : Quel bonheur (pen-
fai je), d'être en tièrs dans l'intimité de
cette Mère fenfible, & de cette Fille charmante !.... Mais comment aurais-je ofé
me presenter ! votre Portière me dit, que
vous abhorriez les Hommes. Je ne voulus pas exposer mon bonheur ; j'attendis.
Il y a quelque temps, je fus prêt à parler
à Mademoiselle ; je ne l'osai pas.... Oui,
malgré l'imperfection ... je mettrai mon
bonheur à l'obtenir.... —*L'imperfection ?* (dit la Comteffe). —Il eft vrai

(reprit le Jeunehomme) que je ne la vois pas-. (Il regardait les mains & les bras d'Aglaé). —Non, monsieur le Comte (reprit la Mère): c'est un faux bruit, que je ne sais que d'hier: faites-vous connaître parfaitement: Nous ne sommes que des Femmes; vous avez un titre pour être reçu chés moi. Adieu, monsieur le Comte: je vous attendrai demain sur le midi: Mais ayez avec vous Quelqu'un également connu de feu m. le Comte, de m. votre Père & de moi. —Ce sera mon Père lui même. —Il est-ici, monsieur? —Oui, madame: il connaît mes dispositions, il y applaudit: Il devait avoir l'honneur de vous faire demander la permission de se presenter un de ces jours-. La Mère d'Aglaé fut ravie de ce qu'elle apprenait. Elle ne pressa plus le Comte de les quitter, & il acheva la promenade avec elles. Il leur donna la main jusqu'à leur appartement, au grand étonement de la Portière! mais il sentit qu'il ne devait pas rester; il sortit sur-le-champ.

La Comtesse était enchantée, lorsqu'une idée modera sa joie: Elle ignorait si Aglaé entrerait dans ses vues. Deux mots la mirent au fait des dispositions de sa Fille: Le Comte de-Marvilliers n'avait pas deplu, & il interessait, depuis qu'il s'était fait connaître.

Le

Le lendemain, à l'heure donnée, l'Amant d'Aglaé parut accompagné du Marquis son Père, qui renouvela connaissance avec la Comtesse. C'était un Homme encore aimable à 52 ans. Il demanda la main d'Aglaé pour son Fils. —C'est son premier Amant (repondit la Comtesse); à son âge, & elle a 23 ans, Personne ne lui a parlé d'amour. —Je le crois bien! (repondit le Marquis): mon Fils l'aime depuis longtemps)! mais je lui avais defendu de parler, sous peine de mon refus: Je voulais qu'il examinât votre conduite (car je ne vous nommai pas, & vous étiez des Inconnues pour lui), jusqu'au moment fixé pour son mariage, ou dumoins jusqu'à ce qu'un Rival dangereux se presentât : & je tiens de bonne part, sans qu'il me l'ait dit, qu'il les a tous écartés! mais plus de vingt! Enfin, en dernier-lieu, j'ai exigé qu'il suivît tous vos pas, qu'il me rendît compte de toutes vos demarches: Je savais combien vous étiez respectables toutes-deux. Ces petits Messieurs denigrent les Femmes; j'ai voulu forcer mon Fils à estimer Celle qu'il aura. C'est la Fille de mon Ami; elle sera la mienne-. La Comtesse fut très-surprise de ce qu'elle apprenait; mais elle était contente. Le mariage se fit promptement, & malgré ses resolutions cons-

I Vol.   L

tantes, elle ne put elle-même refuser la main du Marquis.　Car une Veuve eſt le plus ſouvent très-louable de ſe remarier, & c'eſt ici un des cas où les ſecondes-noces ſont une marque precieuse de tendreſſe maternelle.

☞ Une Fille aimable & bien née, n'en trouve que plus facilement un Mari, en fuyant les Hommes :　Les Partis honnêtes ſont effrayés par les Galans, & les Jeunes-perſonnes environnées de ces Derniers, en trouvent plus difficilement un Epoux.　Les Hommes, en general, aiment à deterrer, dans les Filles, le merite qui ſe cache.

Sujet de la Figure du *Huitième Exemple.*

Desirée au *Luxembourg*, paſſant devant deux haies d'Admirateurs :

« Qu'elle eſt charmante ! C'eſt une perle ! »

VIII Exemple :

La Fille - courue.

Il eſt des Filles pour quî tous les Hommes ſe paſſionnent ; elles trouvent plûs de Partis à choisir qu'il n'en faudrait pour marier cent Jeunes-perſonnes, & cependant ces Beautés provoquantes ſont ordinairement fort mal-mariées. D'où cela provient-il ? *Lafontaine* a-traité ce ſujet dans ſa Fable du *Heron*, par laquelle il montre, que le dedain perd ces Filles courues de tout le monde, & qui finiſſent par être le partage d'un Malôtru.

Deſirée-Damoncour, après une enfance fort-vive, ſe composa tout-d'un-coup à quatorze-ans, & ſans être belle, devint une des plûs charmantes Perſonnes de ſon ſexe. Elle était cependant un-peu marquée de petiteverole ; mais elle avait de belles couleurs, l'œil animé, le regard ſpirituel, la bouche agreable, quoique grande ; elle était faite comme les Grâces, & la coupe de ſa tâille avait un charme qu'on ne peut exprimer ; elle ſ'était donné

cette perfection en s'observant beaucoup:
Quant à sa parure, l'exactitude, la propreté, le goût y regnaient avec une agreable simplicité, mille-fois plus seyantes que
les pompons & les colifichets.

Lorsque Desirée paraissait au *Luxembourg*, elle excitait l'admiration: Les
Femmes la louaient, parceque toute la
recherche de sa parure, consistait dans
le goût & la modestie. —Qu'elle est charmante! (disait-on); mais c'est une perle,
plutôt qu'un diamant-. Son air riant,
affectueux lui conciliait tous les suffrages:
Les Hommes ne la voyaient qu'avec trans-
port; elle avait ce qui leur plaît davantage, & cette propreté qui les charmait
en elle, annonçait encore deux autres
qualités precieuses, le goût de l'occupation
& l'économie; la propreté est une triple
vertu. Il n'y eut pas un Jeune-homme, parmi les connaissances des Parens
de Madem. Damoncour, qui ne desirât
d'obtenir sa main; tous, sans exception,
étaient ses Amans: Sa conduite les entrete-
nait dans l'esperance; Desirée était affable
avec tous, & ne parlait à Aucun: Elle était
encore trop-jeune pour être établie, &
elle aimait en secret à jouir de son heureuse
situation, dont elle s'aperçut bientôt:
Elle s'accoutuma trop-vite à l'espèce de
culte qu'on lui rendait, & elle se proposa

d'en jouir longtemps. Il faut convenir qu'elle avait le cœur pur, les paffions moderées ; elle avait autant de vertus que de charmes, & fi elle avait pu ignorer la fenfation qu'elle fesait, ou n'y prendre pas autant de goût, elle aurait été parfaite. Il faut bien peu de chose, pour égarer une Jolie-perfonne !

A feize-ans, Desirée fut demandée en mariage, par un Parti très-avantageux. C'était un Homme riche, dont la maison était montée, & qui voulait, en fe mariant, faire la fortune de l'Objet fon choix. M.lle Damoncour était alors dans la première ivreffe : Ce fut elle-même, qui fit obferver à fes Parens, qu'elle était trop jeune encore pour fonger au mariage ; que le Parti était avantageux ; mais qu'elle ne fe fentait pas de goût pour un Homme qui avait à peu-près le double de fon âge, & qui paraiffait, par fon embonpoint, adonné au plaifir de la table. On écouta fes raisons, & les Parens de Desirée ne doutèrent pas qu'un Prodige, comme leur Fille, ne trouvât un Epous, & plus riche, & plus jeune, & plus diftingué même, quoique Celui qu'on refusait eût une charge honorable.

Le bruit de ce refus épouvanta la foule des Amans, à-l'exception d'un feul : C'était un beau Jeunehomme, fans for-

 # VIII Exemple:

tune, affés borné du côté de l'efprit, mais qui avait de belles Protections, & qui pouvait faire fon chemin.   (Il le fera un-jour.) *D'Amontons* fe prefenta fans crainte; il croyait être aimé; il fe regardait comme la cause du refus que Desirée venait de faire. Il fut très-étourdi du compliment qu'elle lui fit elle-même, devant fes Parens, qu'il ferait le dernier qu'elle accepterait. Il fe retira tout-confus.

Son exclusion rendit le courage à d'Autres: Il f'en prefenta une douzaine de-fuite, pendant quatre-ans: mais avec cette fingularité, que c'étaient toujours les meilleurs qui venaient les premiers: Deforte-que les refus de Desirée étaient toujours plus durs.   A cette époque, fes Parens reçurent un paquet par la Petite-Pofte, qui contenait une pièce fingulière, que voici:

VII Lecture: *Les Billets-d'avis.*

Monftres, dont le fouffle impur cherche à corrompre la naïve Innocence, je vous pourfuivrai partout; je leverai le voile épais & tenebreux fous lequel vous cachez votre turpitude.

Charlote & Babet, deux Sœurs aimables, nées de Parens honnêtes, mais peu riches, fans être pauvres, ont toutes les grâces de leur fexe, & toutes les vertus

que donne une bonne éducation. Babet,
l'aînée, eſt un-peu marquée de petiteverole; mais ce defaut, ſemble en elle
un attrait de plûs; elle eſt grâſſe, potelée,
& ſa vue excite les desirs. Charlote eſt
une perfection : Elle a pourtant plûs
de grâces que de beauté : Quel enſemble
ſeduiſant ! En voyant ſon air noble,
ſa demarche degagée, le goût de ſa parure
ſimple, ce ne ſont pas des desirs qu'on
éprouve; c'eſt un ſentiment d'admiration,
mêlé d'une inexprimable tendreſſe : On
l'adore; on cherche un terme pour exprimer ce qu'elle eſt, & le mot *divine*
Charlote, elle eſt le ſeul qui ſatiſfaſſe.
Les deux Jeunes-filles, formées par une
Mère économe & laborieuse, étaient
entendues: depuis l'âge de dix ans, elles
achetaient ce qui était neceſſaire pour
leurs ouvrages de femme. Mais leur
Mère les fesait toujours ſortir enſemble,
pour qu'elles ſe tînſſent compagnie, & ne
ſe trouvaſſent jamais ſeules avec les Mar-
chands. Precaution ſage ! mais qui pourtant alait devenir inutile, ſans le *Hibou.*

Un ſoir, que le *Hibou* paſſait, il aperçut les deux aimables Sœurs. Son cœur
treſſaillit de plaisir : Il benit l'Auteur
de la nature, qui a fait la Compagne de
l'Homme ce qu'il y a de plus charmant
dans l'Univers. Il vit entrer Charlote

& Babet dans une boutique : Il vit qu'on les fesait causer, fans les fervir : il vit que Babet, naturellement enjouée, f'effarouchait moins que Charlote, beau-coup plus fière. Le *Hibou* ne foupçonna aucun mal. Un autre jour, il vit la même chose : Un autre jour, il vit embraffer Babet. Un autre jour, il vit prendre la main de Charlote, d'un air familier. Un autre jour, il vit le Marchand, gar-fon deja mûr, faire entrer les deux Sœurs dans une arrière-falle, fous pretexte du froid, & de leur faire chercher ce qu'il y avait de meilleur. Il le vit prendre avec elles des libertés, qui fans être de confe-quence, effrayèrent pourtant Charlote, tandis qu'elles amusaient Babet, qui riait de tout fon cœur. Le *Hibou* vit les deux Jeunes-filles raccomoder leur coîfure. Il fe recueillit en lui-même, fe mit à la place des Parens, & fit pour eux ce qu'il aurait desiré qu'on fît pour lui. Le foir même il entra dans un Café, où il écrivit la Lettre fuivante :

Monfieur & Madame : Je fuis père ; c'eft en cette qualité que je m'intereffe à vous, fans vous connaître. Vous avez deux Jeu-nes-perfonnes très - aimables : Madem. Charlote furtout eft de la plus charmante figure : vous devez donc vous atten-dre à voir multiplier les piéges fur leurs pas. *Vous savez-aussi bien que moi, combien la pudeur & l'honneur des Filles sont des fleurs tendres, que le moindre attouchement peut faner; c'est une glasse qu'un souffle leger ternit. Ce serait un double dommage, que de Jeunes-personnes aussi-bien élevées que vos Demoiselles, aussi aimables, fussent les dupes de leur inexperience & de leur beauté. Je me crois obligé de vous avertir, qu'il se passe des choses peu convenables chés le Marchand du coin de la rue des-Prêtres: mais l'innocence de vos Demoiselles n'en est pas moins entière; ce ne sont que les preludes de la seduction. Veillez, & assurez-vous par vos yeux. Quant à moi, je vous donne ma parole d'honneur de n'ouvrir la bouche à qui que ce soit de ce qui s'est passé: le secret que je vous revele est tout entier entre vos mains. Je suis avec estime, &c.*

Après avoir écrit, le *Hibou* porta sa Lettre, & la glissa par une ouverture qu'il avait remarquée. On ne pouvait manquer de la trouver, au premier mouvement qu'on ferait. Ce fut Babet qui l'aperçut. Elle la ramassa, & vint l'apporter à ses Parens. La Mère la prit, l'ouvrit; on vit la paleur sur son front: elle lut enfin tout-haut.

Dès que le *Hibou* vit sa Lettre entre les

mains de la Mère, il fut fatiffait & s'éloigna. Mais il a obfervé que depuis, jamais les deux Jeunes-filles n'ont remis le pied chés le Marchand du coin de la rue *des-Prêtres*. Parens, vous exposez trop vos Filles: avant même qu'elles fachent diftinguer le mal & le bien, on a mis dans leurs manières, par les careffes indecentes qu'on permet de leur faire, une dangereuse facilité, qui applanit la route du vice, & les accoutume à en envisager les alentours fans horreur. O mes Concitoyens! puiffé-je tout voir, & vous avertir toujours à temps!.... Mais hélas! le plus fouvent, je crains bien qu'il ne foit trop tard!

Hibou! veille fur les mœurs: fur les Pères, fur les Maris! Dis aux Jeunesfilles: —Innocentes Beautés, prenez-garde! votre pudeur eft une fleur delicate; un fouffle impur peut la flêtrir-. Dis aux Femmes! —Jeunes Epoufes, prenez-garde! Deux vices peuvent culbuter un établiffement naiffant, un luxe audeffus de vos moyens, & l'oifiveté. Soyez modeftes autant que propres; foyez économes autant que modeftes: Confervez les grâces qui rendent charmante la Jeune-fille; repouffez les moyens qu'emploient la Decrepitude & la Laideur, pour fe mafquer; foyez *fringuantes*, fans étalage; que votre habit foit élegant, foigné,

ſans être riche! Maudites ſoient les Richeſſes, qui ont introduit le Luxe inſenſé!
Maudit ſoit le Luxe inſenſé, qui a donné la
ſoif inextinguible des Richeſſes, & qui
ne produit que la Pauvreté, le Regret,
le Remords, le Deſeſpoir, le Deshonneur,
la Proſtitution !

Moi, le *Hibou*, je me promène chaque
ſoir, & j'examine : Je vois les abus,
je vois leurs causes ; je vois leurs ſuites, la ruine & la douleur ; je bouil-
lonne de zèle : Car ce ne ſont point de
ces abus imaginaires, qui ne choquent
que les idées d'une perfection chimerique : & je me dis : —J'avertirai cette
Femme de ſes defauts, de ſa folie, de
ſon impudence, de ſon luxe, de ſon
oisiveté, de ſa *mise* ridicule & mal-ſean-
te : & je l'en avertis. —J'avertirai ces
Parens. de ce qui ſe paſſe, lorſqu'ils ont
envoyé au dehors cette Fille de 15 ans :
Je leur apprendrai ce que fait leur Fille...
Et j'écris un Billet : je m'aſſure qu'on le
lit, & je me retire content ; car je me
dis : —J'ai fait une bonne action, dût-
elle n'avoir aucun effet-.

Un-ſoir je paſſais dans la rue *Saint-*
honoré : je vis une Marchande...........
La nommerai-je ? Non, elle eſt jeune,
elle peut ſe corriger..... Je vis une
Marchande coîſée en delâbrement ; ſes

cheveux reſſemblaient à ceux d'une Catin, qui vient de ſe livrer; un rouge indecent colorait ſes joues ; ſes ſourcils étaient frotés de liége brûlé ; elle ſe tenait ainſi dans ſon comptoir, l'air impudent, & les bras croiſés. Je la regardai longtemps, & je me dis : —Voila une Femme qui apparemment n'a pas eu le temps de ſe coïfer : Cependant elle devrait penſer qu'une Femme, dans une boutique apparente, n'eſt preſque plus chés elle ; elle eſt en public, & elle doit une certaine reverence à ce Public, toujours ſevère, & que Perſonne n'a droit de mepriſer-. Je paſſai. Le lendemain, elle était de même ; le ſurlendemain, huit jours, un mois, un hiver preſqu'entier, elle était de-même ! Alors, je me dis, —*Hibou !* cette Femme eſt une impudente ; elle gâte une jolie figure ; elle peut donner envie à d'autres Folles, comme elle, d'en faire autant ; il faut l'avertir, qu'elle eſt une Folle, & qu'elle ſcandaliſe les Gens ſenſés-. Je mis la main à la plume, & je lui écrivis ce Billet.

Il eſt inconcevable, Mad. à quel point vous reüſſiſſez à gâter votre figure, par une miſe auſſi-peu ſeante, que ridicule ! vous ſeriez beaucoup mieux, en vous donnant un air moins delabré. Peut-être croyez-vous que cet air, qui vous donne

*l'apparence de sortir des bras d'un Hom-
me, est voluptueux ? vous vous trompez ;
il n'est que degoûtant. Mais fût-il voluptueux, il faut le laisser aux Catins, &
ne pas donner ce mauvais exemple à
vos Pareilles. Je suis Très-bien inten-
tionné pour vous, Le Hibou.*

Je fis porter cette Lettre par un petit
Commissionnaire, qui la remit en main
propre. On la lut dedaigneusement ;
ensuite on en approcha un bout de la
chandelle, & lorsque la Lettre fut enflam-
mé, on la jeta par terre. —Brûlez mon
Billet, pensai-je, pourvu que vous vous
corrigiez ; que m'importe ?

J'attendis quelques jours, pour repasser :
lorsque je revis l'Impudente, son effronterie était augmentée. —Il faut encore
faire une tentative, pensai-je ; après quoi
je prendrai le parti que le bien public
me suggerera.

*Il est sans-doute permis, Madame,
à chacun de se mettre comme il le juge à-
propos : Le ridicule venge le Public de
Celles qui ont mauvais-goût. Mais je
ne crois pas que l'indecence, l'affectation
soient permises dans une boutique, au degré
où vous les portez. Cela est au point,
Madame, que tout le monde s'arrête en
passant, non pour vous admirer, mais
pour plier les épaules, & donner à votre*

sujet tous les signes du mepris.   Je vous engaje à y reflechir : Car si vous doutez de ce dernier article, il vous est aisé de vous en assurer.   Faites tenir un Garson à deux pas de votre boutique, & il vous rendra-compte de la façon-de-penser de Tous-ceux qui vous voient.   Il en est peu qui ne la temoignent.   Il vous dira, que vous scandalisez les Etrangers, que vous deshonorez à leurs yeux la Nation-française.   C'est un crime d'Etat.   Sachez qu'une Personne de votre âge, & de votre sexe, n'est pas audessus de l'opinion publique.   Vous pouvez vous preparer de longs repentirs ! vous pouvez ruiner votre Mari par votre luxe & votre oisiveté ! Vous étes d'un état où toutes les Femmes travaillent. Je suis votre serviteur, Madame.

Lettre separée, au Mari.

Vous vous attirez le blâme de tout le monde, Monsieur, en permettant à votre Femme sa mise indecente & ridicule.   Il faut qu'un Chef-de-Famille sache regler Tous-ceux qui la composent ; il repond de leur conduite, & tout le blâme, toute la honte en tombent sur lui.   Votre Femme, Monsieur, est d'un exemple dangereux, par sa manière de se mettre, & par son oisiveté, dans un pays comme celui-ci, où le luxe & la nonchalance, même parmi les Femmes du commun, ne cherche qu'un exemple pour s'autoriser. Ce n'est que ce motif, qui me met la plume à la main; s'il ne s'agissait que de vous & de vos interéts, je ne vois pas que je dusse m'en méler. Je respecte autant & plus que Personne, la liberté des Citoyens. Mais lorsque les vices sont contagieux, tout Honnête-homme a droit d'élever la voix. Je vous invite donc, si Mad. votre Femme est trop attachée à sa mise actuelle, à la faire rester dans votre appartement: alors, je ne crois pas que Personne ait rien à dire: mais j'ai l'honneur de vous avertir, que si elle continue comme elle a commencé, je me propose de lui donner un article dans une satyre contre les vices, à laquelle je travaille. Je suis votre serviteur, *Le Hibou.*

Je fis remettre ces deux Lettres, au moment où le Mari s'y trouvait, & chacun eut la sienne.

Ces avis n'ont rien produit, Citoyens! Nous vivons dans le siecle de l'impudence & de l'entêtement: Je vous denonce cette Femme; je vous denonce son faible Mari. (Peut-être merite-t-il une épithète plus vile). S'il reste encore quelques Amis des mœurs, qu'ils la couvrent de honte? O Concitoyens! combien de mal peut faire une Femme, une seule Femme impudente!.... J'ai vu, j'ai vu, Français, j'ai vu un-jour aux Tuilleries une Elegante, une feule Elegante, faire tourner la tête à vingt jeunes Mères-de-famille. Toutes ambitionnèrent fa *mise*, & le bonheur de f'appuyer fur le bras d'un jeune Fat : Toutes, dès le lendemain, eurent la *mise* impudente, & le Jeune-fat indecent : Elles n'eurent plus autre chose dans la tête ; Mari, Enfans, affaires, rien ne leur fentit plus. Elles étaient encore jolies ; leur miroir fut confulté fans-ceffe ; on fe comparait avec l'Elegante : —Je la vaux bien ! Il faut jouir de la vie ! Les beaux jours paffent vîte ; je veux en profiter-. Devorées du desir de briller & de plaire, elles fechent d'ennui, comme Narciffe, de ne pouvoir prendre qu'un jour ou deux, fur les fept de la femaine ! Français ! de ces vingt Femmes il n'en eft aucune, qui n'ait culbuté fa maison. Une a peri de la main de fon Mari ; Deux font renfermées ; d'Autres languiffent dans le mepris & le desefpoir ; & Trois font paffées à l'état de Femmes-entretenues. Une-feule Impudente a fait ce ravage ! Une-feule ! Auffi tous les yeux étaient fixés fur elle ; non pour l'admirer, mais frappés de fa folie, de fa fingularité : Mais les Folles crurent qu'on l'admirait. Elles ne purent tenir à cette idée. O Femmes, Femmes ! éternels

Enfans! vous célèbrent les *Rebatu*, les
Rudoiso ; pour moi je vous dirai toujours,
la verité; la verité terrible & dure. Vous
vous en vengerez, je le fais bien : mais
que m'importe » ?

Lorfque les Parens de Desirée eurent
lu cette Pièce, ils ne furent que penfer.
Ils ne voyaient pas comment leur Fille
en meritait l'application, puifque loin
d'être facile, d'exposer fa vertu, ou de
donner dans un luxe ridicule, elle était au
contraire très-reservée ; on ne pouvait lui
reprocher que d'être dedaigneuse. Ils
lui montrèrent cependant cette *Juvenale:*
Madem. Damoncour en rit, parcequ'elle
ne fe l'était pas attirée : Elle devint plus
haute & plus dedaigneuse encore.

Le *Hibou*, ne manqua pas de l'apprendre, & quelque-temps après le premier
paquet, on en reçut un fecond, beaucoup
moins confiderable.

Suite des Billets-d'avis.

» Je me promenais hier dans l'obfcurité,
lorfque j'entendis une Fille, jeune encore,
& affés belle, qui disait infolemment !
—Je meprise les Hommes! les Hommes ne font pas dignes de moi-! O
Filles, qui meprisent les Hommes, voici
la parole du *Hibou*, fur la Fille qui fe

vante de mepriser les Hommes : Un temps viendra, que les Hommes la mepriseront; car son dedain la fera devenir vieille Fille; & il n'eſt rien dans la Nature, qui ſoit auſſi meprisé qu'une Fille, dont la jeuneſſe eſt paſſée! O Desirée! tu as été l'objet des desirs des Hommes! Et quand un Homme vertueux t'a demandée, tu ne t'es pas embarraſſée ſ'il était vertueux, mais ſ'il avait de quoi ſatiſfaire ta vanité! comme ſ'il n'y avait que les Gens relevés qui ſoient dignes d'avoir une Epouse, & de la rendre heureuse. La Femme ſage penſe bien differemment! Elle aime à être l'épouse d'un Homme ſimple, bon, qui la rendra mère de beaux Enfans, qu'ils éleveront enſemble. Filles belles ou jolies, ce n'eſt pas l'état d'un Mari relevé, qui comblera vos cœurs de joie; c'eſt l'état que ſe fera votre Fils : Car ſachez, ô Filles, que par une admirable loi de la nature, le Fils de l'Homme relevé tend toujours à ſ'abaiſſer par les vices de l'eſprit & du cœur, aulieu que le Fils de l'Homme dans la mediocrité, tend toujours à ſ'élever, par les qualités du cœur & de l'eſprit! Moi, le *Hibou*, qui vous écris ce Billet, ô Desirée, j'ai le plus ſouvent des idées differentes de celles des autres Hommes. On honore le Fils d'un Grand-homme; & c'eſt une verité prouvée par l'hiſtoire, que plûs un Homme eſt grand, plûs son Fils est mechant & petit. Desirée, ne cherchez point à prendre un Mari trop-élevé : laissez cette gloriole aux Filles, remplies de vanité, de sotise, & de folie; aux Filles insensibles à la douceur d'être mères d'un Homme de merite !.... Mais peut-être ne m'écouterez-vous pas ! Si vous ne m'écoutez pas, voici les paroles du *Hibou*, à Desirée Damoncour, à la Fille entêtée, qui meritait d'être raisonnable, & qui ne l'a pas voulu : Un-jour viendra, où vous n'aurez auqu'un Parti : Alors il pourra se presenter un Homme, vil, bas, que le desespoir vous fera prendre. Il ne vous restera qu'un moyen d'éviter votre perte, ce sera de paraître heureuse. Si vous devenez veuve, le veuvage vous ôtera votre fletrissure de vieille fille : Vous serez une veuve encore fraîche, & peut-être un des Hommes estimables qui vous ont recherchée, daignera jeter les yeux sur vous, & vous tirer de l'opprobre dont vous aura couverte un nom odieux.

Je cesse : Adieu, Desirée ! Il en est temps encore, évitez votre malheur» !

Desirée ne fit pas grande attention à ce nouvel avis, qu'elle regarda comme un jeu insultant de quelqu'Amant éconduit. Cependant le temps fuyait : A vingt-ans, elle n'avait plus guère de Preten-dans que parmi ses Égaux pour la naiſ-ſance & la fortune. Mais elle ſ'en con-ſoloit, par l'eſperance qui n'abandonne ja-mais l'amour-propre, & par le ſentiment de ce qu'elle valait: ſes charmes attiraient toujours la Foule ſur ſes pas; mais les Plûs-diſtingués avaient ceſſé de parler maria-ge, & fesaient leur cour d'une manière qui ne pouvait flater une Jeune-perſonne auſſi vertueuse que Deſirée: Elle les écar-tait, à-mesure qu'ils ſ'expliquaient.

Vingtdeux ans arrivèrent enfin: Deſi-rée fut alors demandée en mariage par un Homme-veuf fort riche, mais qui avait quarante ans, & trois Enfans d'un pre-mier-lit. On fut tentée de le prendre: mais ſe voir à vingtdeux ans bellemère de deux Jolies-filles deja grandes! d'un Fils offi-cier, qui aurait plutôt convenu que ſon Père! Il n'y avait pas moyen: On re-fusa, en hesitant, & plutôt par orgueil que par raison.

On regretta le premier Parti: Le Se-cond était dans la plus belle paſſe; on fut encore plus fâchée de l'avoir éconduit: Le Troisième venait de ſe diſtinguer par une invention utile, qui le comblait de gloire & aſſurait ſa fortune; ce fut Celui qu'on regreta davantage: Le Quatrième venait d'heriter d'un Oncle, & de ſa

revêtir d'une charge : On le fit sonder ;
il parut dedaigner l'offre, & se maria
quelque-temps après avec une Jeune-personne belle & riche : Il n'y eut pas jusqu'à
l'Homme veuf, qui avait fait demander
en dernier-lieu Desirée, qui ne trouvât à
se marier avantageusement.

Deux années s'écoulèrent, & Desirée
compta vingtquatre ans. Il ne se presenta
aucun Parti : Ceux qui soupiraient encore
pour la Belle, n'osèrent s'exposer à un
refus, & les Barbons ne croyaient pas
qu'il fût encore temps. Ce fut alors
que les Parens de Desirée commencèrent
à se repentir de l'avoir trop écoutée.
Ils lui declarèrent, qu'au premier Parti
sortable qui se presenterait, ils l'établi-
raient. M.lle Damoncour sentit qu'ils
avaient raison, & ne repliqua rien. Mais
deux nouvelles années s'écoulèrent sans
que Personne la fît demander. Ce n'est
pas que Desirée fût abandonnée de ses
Admirateurs, elle avait encore la foule ;
mais Pas - un ne parlait. Son Père
& sa Mère voyant leur Fille à 27 ans,
& presumant que la timidité seule retenait
certains Partis, ils les firent sonder, &
leur offrirent Ce qu'ils pensaient qu'on n'o-
sait demander. Mais, ou les temps étaient
changés, ou cette demarche donna des
soupçons : Pour la première-fois, le

bruit courut, que ce n'était pas Desirée, qui avait refusé les Partis avantageux, mais qu'ils s'étaient retirés. Ce bruit s'accredita : Mlle Damoncour fut encore suivie, admirée, mais ses Egaux même n'euffent plus voulu de fa main. Il devint public, qu'elle ne trouverait pas à fe marier. Fière comme elle l'était, elle jura de refter fille, & de ce moment, elle vecut très-retirée, fuyant les Hommes, & les traitant avec mepris, fi par-hasard, il f'en trouvait dans les maisons où elle ne pouvait fe difpenfer d'aler. Cette conduite fit rire dabord; enfuite on f'y-accoutuma ; on regardait Desirée comme une vieille Bellote, que le depit rendait prude.

Ce fut dans ces circonftances, qu'un riche Avare, originaire d'Italie, nommé M. *Asinelli*, perdit la vieille & degoutante Compagne de fa lesinerie : C'était une mechante Creature. Mais en mourant, il lui prit une fingulière idée ! une heure avant de rendre le dernier foupir, elle appela fon hideux Mari : —Vous favez (lui dit-elle) comme j'ai été menagère ! n'alez-pas diffiper folement ce que j'ai amaffé avec tant de peine ! Remariez-vous ; vous n'êtes pas encore affés économe par vous même ; mais prenez-moi une Fille fage & peu depenfière. J'en connais Une, qu'il

faut me promettre que vous épouserez ?
votre fortune va se monter haut ; j'ai la
de caché, que vous ne savez pas, plus
de cent-mille francs en or ; c'est sa dot,
outre ce qu'elle vous apportera : Me pro-
mettez-vous de l'épouser-? Le vieil Italien, qui presuma que c'était quelque
vieille Megère, ne savait trop que repondre : Il était encore sain, & il ne
desesperait pas d'avoir des Enfans, pour
succeder à ses richesses : enfin, il avait
jeté les yeux depuis quelques-jours, sur
Desirée, dont il connaissait le delais-
sement. Sa Vieille lui dit avec colère :
—Parlez-donc, ou ... je vous punirai.
—Je ferai tout ce que tu me prescriras,
ma chère Femme : Je le jure-. Et il le jura.
—A-la-bonne heure (reprit la Vieille).
J'entens, je pretens & je vous ordonne
d'épouser, après ma mort, le plutôt possible, M.lle Desirée Damoncour : C'est
une Fille sage, économe ; je l'ai entendu
parler dans une maison ; elle gouvernera
mon bien & le vôtre, comme je veux
qu'il soit gouverné-. Le vieil Italien
s'était mis à genoux, dès qu'il avait entendu
nommer Desirée ; il renouvela ses sermens
de l'épouser, & en prit à temoin la Garde
& ses Domestiques. Cela fini, sa Femme
lui enseigna deux nouvelles cachetes de
cent-mille-francs chacune : elle exigea

qu'il envoyât chercher le Père de Desirée.

On obeit, & M. Damoncour arriva, fort étonné, chés des Inconnus. Mad. Asinelli était au plus bas ! mais un inftant avant de rendre l'âme, elle lui remit un écrit, par lequel, dans le cas où fon Mari n'épouserait pas Desirée, les cent-mille-écus cachés appartiendraient à la Demoiselle. M. Damoncour fut encore plus furpris de ce qu'il voyait & de ce qu'il entendait : Il fe retira penfif, & la Vieille acheva de mourir.

Le Père de Desirée fut trois mois fans parler à fa Fille du fingulier teftament de la Vieille : Son Epouse, ni lui, n'osaient toucher cette corde avec leur Fille. Mais enfin Asinelli fe presenta. Ce qu'il y eut de particulier, à fa première visite, c'eft que Desirée fe trouva feule à la maison, & que ce fut à elle qu'il parla. Il ne lui deguifa rien ; il lui fit un detail de tout ce qui f'était paffé, des dernières volontés de la Mourante, de fes motifs, de la remise de l'écrit donné à M. Damoncour. Desirée fut très furprise ! puis confiderant les richeffes d'Asinelli, elle penfa qu'il valait mieux paffer pour intereffée dans le Public, que pour delaiffée. Elle dit à l'Italien, qu'il pouvait la demander à fes Parens : Asinelli la quitta, rempli d'amour & d'efperance.

Il revint le lendemain : M. & Mad. Damoncour le reçurent avec embarras. Il leur demanda leur Fille en mariage. —Enverité ! repondit Mad. Damoncour, je ne fais que vous dire ! C'eft pour faire mourir notre Fille de chagrin. —Vous a-t-elle marqué de la repugnance pour moi depuis hier, madame ? —Hâ ! mondieu ! jamais je ne lui ai parlé de vous, monfieur Asinelli ! —Quoi ! Mademoiselle ne vous a rien dit de moi depuis hier ? —Pas un mot. —C'eft que je fuis ici venu hier, pour avoir l'honneur de vous parler ; j'ai trouvé Mlle Desirée ; je lui ai parlé ; elle m'a-repondu, & fa reponfe a-été, qu'elle me permettait de vous demander fa main. —Ma Fille vous a dit cela ! (f'écria M. Damoncour. —Oui, monfieur & madame, & il y aurait de la folie à vouloir vous en imposer. —Permettez que nous l'appelions, avant que de vous repondre- (reprit le Père). Mad. Damoncour ala chercher fa Fille, qui lui confirma la verité du difcours d'Asinelli. Elle vint avec fa Mère, & devant fes Parens, ainfi que devant lui, elle leur declara, qu'elle agreait fa recherche. Asinelli demanda le fecret, & la promptitude : —Le fecret m'eft auffi agreable qu'à vous, repondit Mlle Damoncour, quant à la celerité, je m'en rapporte à mes chèrs Parens-. Elle fe retira, en achevant ces mots, sans paraître triste. Cependant sa Mère s'écria, dans un premier mouvement, —Hâ ! ma Fille se sacrifie à la crainte de nous desobliger-! Asinelli se mit à rire : —Je vous assure, que c'est volontiers qu'elle m'épouse ; je fus bel-homme autrefois ; mais c'est que nous enlaidissons beaucoup nous autres Italiens ; m.^{lle} votre Fille est connaisseuse ; je gaje, que si je lui offre la remise pure & simple des cent-mille-écus, qu'elle préfèrera de m'épouser-? On accepta l'essai, qu'Asinelli jura de realiser, s'il était pris au-mot.

On rappela Desirée : —Mademoiselle, lui dit l'Italien, mad. votre Mère croit que vous vous sacrifiez à la crainte de deplaire à vos chers Parens, en-acceptant ma Personne : S'il est ainsi, je vous assure les cent-mille-écus ; les voila en bons effets ; je vous les laisse , & me retire. —Non, monsieur, je ne les accepterai pas : Vous m'avez offert le nom d'épous, & je vous le demande. —Vous voyez, madame ! s'écria le vieil Asinelli : je le savais bien moi ! Hô ! hô ! elle fera adorée, vostra cara Figlia : vous verrez, vous verrez-!

Lorsqu'il fut sorti, les Parens de Desirée lui declarèrent, qu'ils la laissaient parfaitement libre. Elle leur repondit, qu'en ce cas, elle épouserait Asinelli.

On n'imaginera pas qu'elle aimait ce

Monſtre physique & moral : Mais elle
avait l'âme ulcerée contre les Hommes;
elle ſe croyait aſſés jeune & aſſés jolie,
pour être regrettée de Ceux, qui n'avaient
oſé ſe preſenter, ou qui avaient trop-
attendu; elle eſperait jouir de leur douleur; car elle ſe propoſait de paraître avec
Asinelli la plus heureuſe des Femmes.
Le mariage ſe fit en huit jours, avec le
plûs-grand ſecret; on ne le ſut qu'en
voyant Desirée paraître en public avec le
vieil Italien. Il faut en convenir, l'étonnement fut extrême; on fut même indigné contre M. & Mad. Damoncour : mais
l'air de ſatiſfaction de Desirée intrigua tout
le monde. Elle jouit pendant quelques
ſemaines de la ſenſation que fit ſon mariage; enfin tout ſe calma, & l'Infortunée
n'ayant plus rien qui la ſoutînt, ſe voyant
livrée à un vieux Satyre, auſſi laid que
jalous, elle tomba en langueur. Ses Parens
la voyant en danger, prièrent ſon Mari
de la confier à leurs ſoins pendant quelque-
temps : Il n'y conſentit, que lorſqu'il la crut
ſans eſperance. Desirée revint un-peu
chés ſes Parens, par les bons ſoins de ſa
Mère, & par l'abſence du Monſtre. On
cacha ſon mieux, afin de la retablir entièrement. Asinelli cependant ſ'impatien-
tait; il decouvrit ce qu'on voulait lui
cacher, & voulut ravoir ſa Femme :
On differa quelques jours de le ſatiſfaire.

Furieux de jalousie, un soir, il voulut escalader une fenêtre qui donnait sur le jardin : Il s'y introduisit facilement : il appliqua son échelle de corde, & commençait à monter, lorsqu'un gros Chien-de-garde, lâché par le Jardinier, qui avait entrevu roder un Homme, vint le saisir par une jambe, le fit tomber, & l'étrangla, malgré les secours du Jardinier, qui accourut à ses cris.

Desirée, redevenue libre par cet accident, ne fut plus une vieille Fille : C'était une Jeune-Veuve, belle & riche : Il se presenta vingt Partis à la fois. Instruite par une funeste experience, elle fit un choix ; ce fut le second de ses Amans, alors dans une situation plus brillante que jamais. Devenue mad. D'Amontons, elle respira enfin, elle vit le monde, & y courut plus d'un danger ; sa forme provoquante l'exposait plûs-qu'Une-autre. Mais elle aimait son Mari ; elle était retenue par ses excellens principes ; par l'idée, qu'une Femme comme elle, ne devait jamais se manquer à elle-même, & par les avis du *Hibou*, attentif à toutes ses demarches. C'est peut-être à ce Dernier qu'elle doit le bonheur d'être vertueuse.

☞ Filles, le premier Parti qui se presente, presque toujours est le meilleur.

Fin du Volume des Filles.

www.ingramcontent.com/pod-product-compliance
Lightning Source LLC
LaVergne TN
LVHW021538170726
843501LV00004B/1105